レストラン「ル ゴロワ」のレシピから

季節のごはんと暮らし方

北国のレストラン

©Yoko Yamamoto

はじめに

２００8年初夏、北海道・富良野。「ル ゴロワ」の大塚夫妻と一緒に、ある女性誌のロケに出かけました。マダムの敬子さんが「おいしい北海道」を紹介する企画で、健一シェフは自費で同行されました。敬子さんが取材や撮影で忙しくしている間、シェフは北海道の空気を満喫されているご様子でした。「いつかは北海道に住むのが夢なんです」と話してくださったのは、そのときでした。

それから8年。移住の夢をずっと心に抱いていたおふたりが、ついに北海道へ赴くことになりました。当初は1年の準備を経て、富良野にお店をオープンする予定でした。その開店までの約束で、「アエラスタイルマガジン」で連載をさせていただくことに。夫妻はともに50代後半。第2の人生の過ごし方として、あるいは地方への移住をテーマとして、夫妻を通じて何かを伝えられればと考えていました。結局、開店まで2年かかり、当初予想していたイメージとは少し異なる着地となりましたが。

富良野の家に泊めてもらったのは、2年間で計8回に及びます。取材はいつも合宿状態。ワインとともに毎回、夜中まで話が尽きなかったことは、貴重な思い出です。その後、お店の料理と地元の食材を使った家ごはんのレシピを撮り足して、夫妻の味を読者の皆さまに楽しんでいただける本になりました。

馬と一緒に暮らしたい、北海道の食材の魅力に惹かれたから、この土地に住む人たちの生き方、暮らし方に共感したから……。夫妻が北海道に引き寄せられた理由は複数あります。富良野で暮らし始めてからも様々な出来事が起こりましたが、おふたりは嬉しいことは周りの人たちと分かち合い、困難は笑い飛ばして日々を過ごしています。そんなおふたりにどれだけパワーをもらったか。

大塚夫妻が富良野でお店をオープンするまでのストーリーを伝えられるのは、「アエラスタイルマガジン」の元編集長・山本晃弘さんと朝日新聞出版の森香織さんのお力あってこそ。そして、すべての取材に同行してくださったカメラマンの大山克巳さん、雑誌連載から単行本まで、素敵なデザインをしてくださった奈雲裕介さんはじめ、この本に関わってくださった方々、本当にありがとうございました。

この小さなレストランの物語を通して、皆さまが記憶のどこかに潜んでいた夢を探り当て、その思いが未来へ羽ばたくことになりますように。

表参道時代の「ル ゴロワ」の写真と、お店をこよなく愛する銅版画家・山本容子さんが表参道の店の壁に描いた愛犬ルーカス。壁ごと神宮前の店に引っ越し、夫妻を見守り続けた。

春光

夏めく

レストラン「ル ゴロワ」のレシピから

季節のごはんと暮らし方

目次

この本のレシピで使用した計量の単位は、1カップ＝200㎖、大さじ1＝15㎖、小さじ1＝5㎖です。

P.01、04、05、07の作品は大塚夫妻が尊敬する銅版画家・山本容子さんが富良野に訪れたときに描いた作品から。

Contents

秋の森のメニュー

朝起きて、窓から見える森の様子が
日々変わってゆくように、
信頼する生産者から届く素材も
少しずつ変わってゆく。
そんな変化が感じられる場所、
富良野に移住して４年が過ぎようとしている。
東京時代から何度も足を運んだ場所だが、
住んでみなければ
わからないことがたくさんあった。
たとえば、冬の大雪。
ひと晩経つと、朝、除雪をしなければ、
家から一歩も外に出られない。
その長い厳しい冬を越えれば、
春の野菜達が一斉に芽を出す。
その様子を見られる喜び。
朝、採れたてのアスパラガスを手にすると、

本当に嬉しい。お客さまに、
美味しく食べてもらいたいと素直に思う。
表参道の小さなルゴロワから、
この富良野のルゴロワまで、
ずっと見守り続け、
支えて下さったお客さまに、
僕は勇気づけられ、この北海道で
生きてゆく覚悟をもつことができた。
そして、僕にはマダムの敬子が
いつも傍にいてくれる。
ありがとう。
思いはただひとつ、
謙虚に一生料理人でいたい。
そして、森や土に心から感謝をしたい。

大塚健一

1 東京から北海道へ 人気フランス料理店の再スタート

東京・神宮前は外苑西通り。古いビルの1階に、壁一面ガラス張りのレストランがある。「ル ゴロワ」。この道を通れば、お客さまの楽しそうな様子が目に入る。「この仕事が終わったら、ご褒美ランチだ！」「家族の記念日に来よう」と思いながら通る人が大勢いたに違いない。温かく迎えてくれるレストランがここにある。そう思うだけで心が温まる……。「ル ゴロワ」はそんな料理店だ。

２０１６年3月。オーナーの大塚健一・敬子夫妻は、顧客へ手紙を送った。「いつもル ゴロワを可愛がっていただき、心から感謝しています。」という一文で始まる。かねてより希望していた北海道への移転を伝えるものだった。富良野の森で土を耕し、野菜を育て、魚を獲り、薪窯《まきがま》で調理する。いままで北海道の食材を主に使ってきたが、生産地へ移住し、レストランを開く。２０１７年5月で開業20年。その節目を北海道で迎えるため、東京のお店は5月いっぱいで閉めることにした。

物語はここから始まる。

左から、マダム・大塚敬子さん。シェフ・大塚健一さん。コーギーのれいちゃん。牧羊犬としての修業中。大塚家にはほかに5頭の馬がおり、北海道の農場で待つ。東京・神宮前のお店は無垢材をふんだんに使用した心温まる空間。壁には山本容子さんの愛犬ルーカスの絵が描かれ、お店のシンボリックな存在。この壁画も北海道へ〝移転〟する。

シェフ・大塚健一さん。1960年、長野県軽井沢生まれ。マダム・大塚敬子さん。1957年、東京生まれ。30数年前から北海道に住みたいと、共に思いつづけてきた。「年齢的に、移住のラストチャンスです。体力のある50代後半に移住し、60代で改めて思い切り仕事をしたい」と敬子さん。夫妻は60代を見据え、夢を叶《かな》えるべく、スタートラインに立った。これから2年間、彼らの夢のつづきをリポートすることになる。

「ル ゴロワ」とはどんなお店なのか。話は数十年前にさかのぼる。敬子さんは、大の動物好き。とりわけ馬に憧れ、北海道・酪農学園大学に入学した。「当時、馬関係の仕事場は男性社会で、とても入ることができず、お菓子作りの仕事に」。パティシエールとして、軽井沢プリンスホテルの厨房で働いていたとき、同僚の料理人であった健一さんに出会い、結婚。新婚旅行は北海道だった。

「空気は旨《うま》い、森は美しい。食事もおいしくて。北海道に住みたいと思いはじめました」と健一さん。その後、ふたりでホテルを退社、健一さんはフレンチの名店・広尾「プティポワン」で、敬子さんはお菓子屋さんで修業。縁あって、「パパスカフェ青山店」がふたりに任された。当時、エッジの利いたセンスで一世を風靡したデザイナー、故・荒牧太郎氏がお店のディレクションをしていた。ホテル出身で、オーセンティックなフレンチが身についていた大塚夫妻に、もっと気軽なフレンチがあることを教えたのは荒牧氏だった。

「テーブルにクロスはいらない。短パンにサンダルで、箸《はし》で食べるフレンチを作れと。いままでは普通かもしれませんが、当時、そんなお店はありませんでした」

しばらくして、健一さんがステーキ丼を考案。行列ができる人気店になった。4年間働き、独立したのが1997年。表参道の裏通りに13坪、カウンター12席、テーブル1卓の小さなレストランが誕生した。

「ル ゴロワ」は「ガリア人」の意味。フランス人の知人が名付けてくれた。フランス人の祖先であり、日本の「大和」と同様、その響きには、フランス文化の源流を感じるのだという。「堅物の私たちの、いまどきでない感じをガリア人に重ねたのでしょう」

都会の鳥の巣のような存在。大塚夫妻の真心に人が集う

メニュー構成も斬新だった。夜のコースは3700円。前菜、メイン、デザートをそれぞれ数品のなかから選ぶプリフィクスコースを取り入れたお店のひとつだった。ランチは1000円から。正午のオープンには、敬子さんがごはんをあげていたノラ猫を先頭に、お客さまが並んだそうだ。故・三國連太郎さんが雑誌に紹介したのをきっかけに、新しいカウンターフレンチとして脚光を浴びた。

だが、北海道でお店を開きたい気持ちはやまなかった。北海道のレストランを訪れるたび、素晴らしい食材が、健一さんのアンテナにひっかかった。紹介してもらい、生産者を訪ねたこともたびたび。

有名な「特製ル ゴロワ風サラダ」（写真次頁）が生まれたのは、オープン後2～3年経っ

「グレープフルーツのプリン」（左）と「特製ル ゴロワ風サラダ」。デザートはマダムの担当。このふた皿は、お店の看板メニューとして長く愛されてきた。北海道で再び登場させるかどうか、すべてはこれから。

てから。賄い料理を洗練させたもので、メインディッシュにもなりそうな、具材のたっぷり入ったサラダだ。北海道の食材に傾倒していった時期と重なり、次々に新しい息吹が加わった。「盛りすぎ、とマダムに注意されたことも」と健一さんは笑う。建物の建て替えで、神宮前に2006年に移転。北海道の食材ルートが固まり、メイン食材のほとんどを送ってもらう。次第に「北海道フレンチ」と呼ばれるようになった。

話を大塚夫妻が送った手紙に戻そう。「通うのが楽しみだったので、これからどこへ行けばよいのかわからない」というお客さまからの声が大半だった。「いままでお名前しか存じ上げなかった方々が、移転すると聞いて、話しかけてくださいます。私たちのレストランが、その方たちの人生に、小さいながら存在していたことを知りました。心のつながる人たちがいることに感謝しています。北海道でまたお迎えできるようにがんばらなければ」

「ル ゴロワ」のオープン当初からの常連客であり、敬子さんが〝姉〟とも慕う銅版画家の山本容子さんは、「ゴロワは私にとって、都会の鳥の巣のような場所。健ちゃん、敬ちゃんとふたりが呼び合い、お互いを信頼しながら仕事をしている姿が、そのまま彼らとお客さまとの信頼関係を作ってきたのだと思います。私は、リラックスしたいとき、家族や家族同様の方と行くのはゴロワでした。移転はとても残念。でもあちらで、訪れる人たちも巻き込んで、新しい形のレストランを作っていくのでしょう。森に囲まれ、動物と暮らし、星を眺めて、ふたりがどう変わっていくのか、楽しみ。シェフの料理も変化するのでしょうね」

時代の流れと共に、北海道の大自然のなかで、「ル ゴロワ」が変わっていく様子を、読者の皆さんも一緒に味わってほしい。

2　新天地・富良野塾跡地へ。森での生活が始まった

なんだろう、この包まれるような安心感は……。富良野の森を訪れた瞬間、敬子さんの心はすでに森に抱かれていた。

東京・神宮前のフレンチの名店「ル ゴロワ」が、たくさんのお客さまに惜しまれながら、２０１６年5月いっぱいで一旦閉店。開業20周年を北海道で迎えるため、オーナーシェフの大塚健一さんとマダムの敬子さんは富良野の森へ移住した。脚本家・倉本聰氏は１９８４年、この森に「富良野塾」を開いた。２０１０年に閉塾した後、「そのまま自然に還《かえ》したい」という氏の意向で、森本来の姿に還りつつあった。塾生が住んでいた建物を修繕し、どうにか住める状態にして、夫妻が住みはじめたのが6月初めだった。

「この森に住んで最近、木の顔がわかってきたんです。どの木がどこにあるかを認識できるようになったというか」。敬子さんはそう言って笑う。木々には精霊が宿っているのかもしれない、とも。

森に住む直接のきっかけは馬だった。怪我《けが》をして処分されそうになった競走馬を9年ほ

薪集めも大切な仕事。部屋には薪ストーブもあり、外の小屋に薪窯も手作りで新設。小枝は薪火の焚き付け用に。

（左）農家が残した朽ちたサイロが残るだけの森を開墾して富良野塾を設立したのが1984年。塾生自らが建てた2階建ての建物は彼らの宿泊施設だった。いまは大塚夫妻が住む。（右）敷地の入り口には「富良野塾」の看板が。塀や囲いはないのだが、私有地なので一般の人は入れない。

ど前、大塚夫妻が引き取った。当初は山梨の牧場で馬小屋のなかを仕切って部屋を作り、自分たちもそこに寝泊まりして馬の世話をした。店の営業後に車を走らせ、昼の営業に間に合うよう東京に戻った。そんな無謀な生活で体力の限界を感じていたころ、北海道・十勝の牧場が馬を預かってくれることに。同時に、どうにかして馬と一緒に暮らしたいという気持ちが高まった。

倉本 聰さんのひと言で北海道移住への道ができた

今回の移住のキーマンは、脚本家の倉本 聰氏だった。シェフと敬子さんはもともとテレビドラマ「北の国から」の大ファン。「倉本先生の世界をなぞって生きていきたいと思ってきました。なぞってもいいか、仁義を切らなきゃ。それでレストランへお誘いしたんです」。これがきっかけで、倉本氏と縁ができ、さまざまな相談に乗ってもらってきた。

2011年。ある第3セクターの誘いで、北海道へのレストラン出店が決まりかけた。でも夫妻の意に反して、出店計画の規模がどんどん大きくなり、東日本大震災をはさんで、先方との考えの相違も出てきた。結局、計画から降りた。「商売としてはいい話なのに、なぜ降りるのか」といった意見も周囲に多かったと言う。

「倉本先生にご相談したら、『君たちの世界じゃないから断ってよかったよ。このまま進みなさい』と言われ、ほっとしました」

そのあとだった。富良野塾跡地で馬を育てながら暮らしてはどうかと倉本氏に言われたのは。

「跡地は、富良野塾に関わった方たちの聖地です。大切にしなければと思いました」

当初は牧場として整地し、東京と北海道を行ったり来たりの生活。牧場とお店の両立に悩んできて、今年に入ってようやく北海道移住を決心した。

「20代のときからの夢でしたからね。いままで何度もトライして、うまくいきそうになっては、何度も振り出しに戻ってきました。本当に情けない私たちなんです。いま50代後半。体力的なことを考えても、これが最後のチャンスだと決心しました」

決めたら、行動は早かった。神宮前のお店を明け渡す調整をし（これがまた大変だったのだ）、5月いっぱいで閉店。最終営業日の3日後に富良野へ引っ越すというハードスケジュールを敢行。ただ、あとに次の店が入るまでの3カ月間は「里帰り営業」と称して、シェフと敬子さんは北海道から食材を担いで戻り、月に1週間ほど店を開けた。毎回、あっという間に満席となっていた。

8月後半、里帰り営業中のある日。1週間に3つの台風が北海道を直撃した。敬子さんの携帯電話が鳴った。「誠《セイ》さん」からだった。台風の影響で、富良野塾跡地の近くを流れる小さな川が氾濫《はんらん》したという。牧草地に水が流れ込み、物置小屋も、まとめておいた牧草も流されている。山からの土砂で、跡地への入り口の橋は崩落。そこから家までの道は瓦礫《がれき》で埋め尽くされた……。

左ページの写真を見ていただきたい。夏のきらめく太陽のもとで牧草や薪を集め、十勝で預かってもらっている馬たちを迎える準備を始めている。

大きな写真の左端に写っているのが、「誠さん」＝東《あずま》誠一郎《せいいちろう》さん。富良野塾の卒業生で、いまは現役の俳優兼「新生ル ゴロワ」の強力なスタッフだ。牧草地の開墾をはじめ、倉庫を建てたり、ログハウスの修繕をしたり。ここでの生活全般を支えてくれている。「大切なスタッフであり、私たちの生活の師匠でもあるんです」。シェフと敬子さんは絶対の信頼を寄せている。夫妻が留守の間、彼が跡地を守ってくれていた。誠さんは、台風が過ぎた後、写真に写っている牧草地が湖のようになっているのを見て愕然《がくぜん》とした。家は少し高台に立っているので、どうにか無事だった。コンクリートを土台にした物置小屋が流されたのに、木の柱を埋め込んで建てた馬小屋が無事だったことを誠さんと仲間たちは不思議がった。

敬子さんは言う。「自然のなかで生きていくということは、何度も何度も大地からの洗

富良野塾跡地の森で牧草を集める。早朝から夕方まで作業は続く。

礼を受けて、あっちへこっちへと跳ね飛ばされながら、1歩進んで2歩下がるような毎日だということなんでしょう。すぐにでも富良野へ戻りたい。でも、いまは東京のお店に大切なお客さまを迎える準備に集中します。ふさぎ込まず、歩き出します」。あくまで前向きだ。東京の店を完全に明け渡し、富良野での生活が始まる直前の試練だった。

森に抱かれたときの安心感はなんだったのだろう。「ここでの生活は甘くないぞ」という自然からの挨拶《あいさつ》が、あの台風だったのか。ドラマ「北の国から」を地でいくような試練を、いきなりリアルになぞるようだ。

3

夏の台風で被災、振り出しからの出発に

十勝の牧場でボス馬・勇気に話しかける。

２０１６年、富良野の初雪は10月21日だった。すっかり冬景色だが、夏の台風被害の爪《つめ》痕《あと》が深く残っている。8月から9月にかけて北海道に上陸した台風は、大きな被害をもたらした。大塚夫妻が住む富良野塾地も川が氾濫《はんらん》し物置などが流され、牧草地は壊滅。塾地への道も橋が崩落した。夫妻は神宮前の店を完全に引き揚げ、荷物を北海道へ送る算段をしていたが、塾地への道が閉ざされたため、送れず、札幌に留め置きしていた。近隣の人々も含め、北海道の知り合いたちからは、「来年、台風が来ない保証はない。川がまた氾濫するかもしれない」と心配の声が寄せられた。

この年4度目の台風が富良野を襲った日。大塚夫妻は東京で引っ越しの荷造りに追われていた。筆者が訪ねたときは、スマホのワンセグ放送で台風状況を見ながら作業をしていた。ひとつ前の台風のときは、牧草地は水没したが、家として使っている建物はやや高台に立っていたため、無事だった。ただ、今晩の台風でどうなっているか。頼みのスタッフ東誠一郎さんは、出張で札幌だ。塾地の様子は誰にもわからない。

そんななか、馬5頭を預けている十勝の牧場の田中次郎さんが電話で、「嵐のなか、馬たちを救出できない。このまま雨風にさらされたら、サラブレッドは皮膚が薄いので低体温になり危ないかもしれない」と言ってきた。しかもその後、連絡が途絶えた。「馬たちの力を信じるしかないです。十勝の原野で放牧されて冬を過ごせたのだから、この嵐も乗り切ってと祈ることしかできない」。敬子さんはとても心配していた。

「塾地がどうなっているか、まず確認したい。支えてくれる人たちや、倉本先生もいらっしゃる。早く富良野へ戻りたい。十勝の田中さんの状況も気になります」。ふたりは口をそろえた。

十勝を支援へ。馬たちとの再会も

翌日、十勝地方の甚大な被害の様子が明らかになり、田中さんの様子も伝わってきた。家が浸水し、避難所生活を余儀なくされていた。馬たちは幸い、全頭無事だった。夫妻は東京を完全に引き揚げ、富良野へ戻っていった。

(上)富良野塾地の近くの小川の流れが変わってしまったほどの洪水だった。土砂に埋まった物置に上り、状態を調べるシェフ。解体するにも費用がかかり、そのまま置いておくのも危険という困った状態だ。洪水の後始末はまず、砂と枯れ木、近隣から流されてきた生活用品の除去から。
(下)十勝千年の森、馬のトレッキング道の陥没箇所の大きな石を除去する。奥が田中次郎さん。ネイチャーホースライディングは再開した。
森の馬小屋 http://forest-horse.sakura.ne.jp

十勝の牧草地で被災した馬。サラブレッドの
ルーカス（右）は夫妻と話して安心したのか、
草を食み出した。馬の勇気と話す夫妻。

その2週間後、筆者たちは富良野を訪ねた。崩落した橋は富良野市が直し、塾地内は夫妻と東さんの手で少しずつ整備されはじめていた。ただ、流された物置は、川に浸食された土に土台がめり込んだままだ。土砂で埋まった牧草地の枯れ木を取り除いた跡には、すでに草が生えてきた。自然の回復力のすごさを垣間見る。十勝の田中さんの状況がひどいからと、夫妻は何度か十勝へ通い、牧場の復興を手伝ってきた。それに同行することになり、十勝へ向かった。

日高山脈の麓に広がる「十勝千年の森」。千年後の人々へ美しい森を遺そう。そんな思いを込めた、400ha（東京ドーム85個分）もの森の一画で、田中さんは、ネイチャーホースライディング（馬に寄り添い、コミュニケーションを取ることから始める森の乗馬体験）を主宰している。その牧場で、大塚家の馬5頭がお世話になっている。到着し、馬たちに会うため、森の中を歩く。「ここは小川だったんですが、今回の洪水で流れが変わって、こんなに広くなってしまいました」。速い水流を指さしながら、田中さんが教えてくれた。まず、馬たちが暮らす牧草地へ。私たちが近づくのに気付いて、4頭（1頭は別の場所に）はそろってずっとこちらを見つめている。シェフと敬子さんは1頭ずつ額や体をなでながら話しかける。「あかりちゃん、なかなか一緒に暮らせなくてごめんね」「勇気、仲間をよろしく」……。ずっと夫妻にくっついていた馬たちはわかったのか、安心したのか、下を向き、牧草を食《は》むために移動を始めた。馬たちと別れ、森の小道の陥没を直す作業を手伝って、十勝を後にした。

1カ月以上たっても、田中さん一家は仮住まいのまま。十勝の復興はあまり進んでいなかった。これ以上迷惑をかけられないと、馬たちを十勝から富良野へ運んだ。大塚家には犬1匹、猫1匹が新たに加わって、人間2人、馬5頭、犬2匹、猫3匹と、ムツゴロウ王国状態になりつつあった。

被災したことで、新生ルゴロワプロジェクトは牛の歩みを強いられた。近くの農家の知り合いは空き家情報をいつもくれるし、麓郷《ろくごう》の丘の上でのレストランオープンプロジェクトの話もある。

一方、来年の夏、台風が来て同様のことが起こったら、馬は流されてしまうだろう。建物の裏山からの土砂崩れの心配もある。

「こけては進み、こけては進み。いや、進んでないかな(笑)。富良野で小さなレストランを作りたいと思ってきましたが、違う方法もあるかもしれない。来年の夏、台風が来たらどうするか。そんな危機管理も考えなければいけないし。先のことを考えても仕方ないから、とにかくいまできることをやって、前に進んでいきます。振り出しに戻りましたが、何かが見えてきたような気がします」

いまは塾地での生活を軸にしつつ、ケータリングなどの仕事を受けて生活の糧を稼いでいる。寒い季節がすぐそこだ。富良野での初めての冬籠もりはどうなるのだろう。

馬5頭＋犬猫8匹と森の中で暮らす

大塚さん一家は東京では馬のあかり、勇気、元気、ルーカスの4頭、犬のれい、猫の連太郎、メイと、ふたり＋4頭＋3匹だった。動物好きのところにはなぜか集まってくるというセオリーどおり、富良野へ移住後、あかりの子供のくるみ、犬の五郎丸、猫のゴーシュ、フォス、ひなぎく、月、健が加わった。猫の連太郎が23歳の大往生を遂げ、現在（2021年6月）、ふたり＋5頭＋8匹の大所帯に。「最期は森の中で、彼らが見守る中で死ぬのが理想なのよ」と敬子さんは微笑む。

森の中を疾走する馬たちの姿は神々しいほど美しい。

4 雪の富良野で馬、犬、猫と暮らす

日本列島はそろそろ春到来だが、富良野の春は少し遅れてやって来る。雪に覆われた3月が過ぎ、4月下旬にやっと雪が解け、福寿草が可憐な顔をのぞかせるはずだ。

東京・神宮前のフランス料理店「ル ゴロワ」の大塚健一・敬子夫妻は北海道・富良野へ移住して初めての冬を、夏の台風で被災した始末を終えられぬまま迎えた。

「自然の力の前で私たちは無力です。台風被害は相当な打撃でした。いまは馬たちと穏やかに暮らしつつ、お店をどうするか模索中です。私たちはここに根をおろして生きていく。ふたりでそう決めました」

馬たちと同じ敷地内で暮らすのが夢だった。富良野塾跡地では、玄関を開けると馬たちが待っている。こんな至近距離で人間と馬が暮らせる場所はなかなかないだろう。

夫妻の一日は馬たちへの餌やりに始まる。朝6時。玄関先の木にくくりつけられた温度計はマイナス19℃を指している。雪に湿気があるせいか、あるいはたっぷり着込んだためか、想像していたほど寒さを感じない。とはいっても、帽子や手袋、マスク、カイロは必需品。こんな厳寒の夜、馬たちは寝ないで立ったまま。ときには移動しながら朝まで過ごすのだとか。大塚夫妻が家から出ていくと、馬たちがバラバラと寄ってくる。やはり朝ごは

敬子さんが話しかけているのが、サラブレッドのルーカス。蹄を傷めているので、リハビリのために歩かせている。

んが楽しみなのだ。馬の食料は牧草をメインに、馬の種類によって麦などを補助飼料として与える。敬子さんは人参を乱切りにして持って出る。馬にとって人参は「お楽しみおやつ」なのだそうだ。

「ひと晩中外にいて身体が冷えきっているから、温かいお湯を桶に引き入れて飲ませています。馬たちも寒いのか、お湯をよく飲むのよ」。大学で酪農を学んだ敬子さんが教えてくれる。

牧草ロール（乾燥した牧草をロールケーキ状にしたもの。発酵させる場合もある）は、草のない冬、馬たちに必要不可欠な食料だが、1個が350㎏ほどもある。牧場から買うの

（上）馬の牧草小屋。牧草ロールをほぐして食べやすくしてあげるのも毎日の仕事。敬子さんが話しかけているのが、サラブレッドのルーカス。ルーカスの手前は、大塚さんたちが初めて飼った馬、あかりちゃん。（下）朝のコーヒータイム。「何してるの～？」と馬たちが窓からのぞきに来る。「この風景を見るために移住してきたようなものです。この瞬間が幸せ」と敬子さんは笑う。

だが、運んでもらうとその分高くなるため、大塚夫妻は軽トラで取りに行く。「1個しか載らないから、3～4往復しなくては。その日は一日中牧草ロール運びをしています」。5日間でほぼ1個を食べ切るので、月に何度も買い出しへ。巨大なロールを2人で運び込む。これもひと苦労だ。

馬のごはんが終わったら、トラクターでの除雪作業が待っている。入り口の市道までは市が除雪してくれるが、塾地内は自分たちでしないと一歩も外へ出られない。取材チームが訪れたときはちょうど晴れて、積雪はそれほどでもなかったのだが、少しでも雪が降れば、すぐ出動。馬の糞もそこここに落ちている。凍結すると春まで取り除けなくなる。暇さえあればスコップで掻《か》き取り、捨てていく。ルーティンワークに追われる毎日だ。

知恵を使ってお金で買えない価値を手に入れる

朝のひと仕事が終わると、外の景色を眺めながら朝ごはん。洋食好きの敬子さんのため、シェフがコーヒーを淹《い》れてパンを焼く。ときにはオムレツや目玉焼き、ソーセージ、サラダが添えられる。シェフが食卓に料理を並べるとき、これは山本さんのトマトのサラダ、これは北川さんのかぼちゃのスープ、これは伊藤さんの牛乳……と教えてくれる。これらは生産者の名前。東京のお店と同じ、産直かと思いきや、どれもご近所さんからの差し入れだった。

「東京ではすべてお金であがなおうとしますが、ここでは、『手間を分けてもらう』のです。例えば、かぼちゃがたくさんできたからといただいたら、スープをお返しに。私たちにかぼちゃは育てられないけれど、スープを作ることはできる。こういうのを『手間返し』と言うと聞いて、いい言葉だなって。また、倉本先生（脚本家の倉本 聰氏）が『お金は使わず、知恵を使いなさい』とおっしゃった。東京にいるときはどんな意味なのかと。ここに来て、やっとわかりました」

台風の被災前に薪窯《まきがま》を作った。石とコンクリートで土台を作り、その上に煉瓦《れんが》を積んで仕上げた。耐火煉瓦は岡山へ帰郷する陶芸家の登り窯から、石は仲良しの農家の畑からもらってきた。

「東京で薪窯情報を集めたのですが、とてもお金がかかることがわかって諦めかけていました。ご近所の方たちに助けていただいて、立派な窯が完成しました。富良野だからこそ、窯を手に入れることができたんです」

もちろん、「手間返し」は窯焼きの肉やピザ。皆さんをお招きして振る舞った。ちなみに、昨夏の台風で小屋は土台まで浸水したが、肝心の窯部分は無事だった。

ご近所からもらい受けた燻《くん》製器で、道産魚介類やチキンの燻《くん》製にも挑戦。もちろん、窯ではピザをはじめ、肉や魚介類のローストを試作している。アップルパイも試したら、オーブンで焼くよりサクサクとした香り高いパイが焼き上がっていた。毎日、レストラン開業への準備も怠らない。

奥に薪窯の小屋が見え、さらに奥は馬たちの場所になっている。

お店に関しては、さまざまな角度からアプローチしている。近所の人たちが「いい物件がある」と情報を持ってきてくれることも。

「ここでは、商売目的でレストランをやってはいけないと感じています。蝦夷鹿《えぞじか》を獲ってくる人がいれば、私たちはソースを作って待ちます。それを召し上がったお客さまが幸せになってくださる。お客さまからの代金が生産者へ回る。幸せな循環ですね。いまお金は入ってこないけれど、とても裕福な気分です。何が正しい道なのかわかりませんが、いま幸せと感じることが自分の進むべき道ではないか。半年、ここで暮らして見えてきたことです」

新生「ル ゴロワ」への道が、少しずつ少しずつ開けてきたようだ。

5 新生「ル ゴロワ」ついに始動

今年の富良野に、春はなかなか来なかった。雪が解けると、春と初夏が一緒になって押し寄せてくるのが北海道。花が咲き乱れ、新緑が芽吹き、そしていま、富良野塾跡地には、緑豊かな美しい森が戻ってきた。小さな谷には穏やかな風がそよいでいる。

「ル ゴロワ」の20周年は2017年5月。この5月に、富良野で新しい店のお披露目をし、20周年を祝う会を開く約束をして、大塚健一・敬子夫妻は東京・神宮前を後にした。残念ながら、その約束が果たせないことになった。

「お客さまからもお問い合わせをたくさんいただいていて、申し訳ない気持ちでいっぱいです。でも、喜んでいただけるお知らせがあります。1年先の5月に富良野で開店することが決まりました。事情があっていまは詳細をお話しできないのですが」

契約上の問題などがあり、まだ公表できないのだが、とりあえず、大塚さんたちの行き先は決まったようだ。場所は富良野。それだけしかいまは言えない。

信頼する人々と薪窯を作り、家を修復

次の店での新しい試みとして、大塚シェフは石窯で調理することだけは最初から決めていた。富良野塾跡地に移住してすぐ、薪窯作りに着手。「お金をかけないで、知恵を使え」という倉本聰氏の教えどおり、薪窯の材料として買ったのはセメントだけ。砂利入りのセメント(1袋約1300円)を約40袋と、窯部分に使う耐火セメント(1袋約3600円)を6袋。しめて7万円余りで立派な石窯が完成した。東京で業者に頼んだら数十万～100万円はかかるはず。土台になる大きな石は畑から、陶芸家の登り窯から耐火煉瓦をもらい受け、健一シェフがスタッフとともに作り上げた。

夫妻は富良野塾跡地で廃屋になっていた宿舎や倉庫を、住居や馬小屋、物置にリノベーションして利用している。

「富良野では、ＤＩＹの力がないと生きていけない」と健一シェフは言う。自宅前の道の陥没くらいは、自分たちでセメントを流して直してしまう人が多いのだとか。シェフも知り合いの農家に習いつつ、家作りや修復作業にも携わる。チェーンソーの使い方が堂に入ってきた。

一方、大塚夫妻のミッションは新しい店の方向性を決めることだ。素晴らしいことに、「ル ゴロワ」には定番と言われるシグニチャー・ディッシュが何品もある。「ル ゴロワ風サラダ」「にんじんのムース」「特製ステーキ丼」「グレープフルーツのプリン」……。食材の味

石をセメントで固めて土台を作り、その上に耐火煉瓦を並べる作業をする。

（右）薪窯の土台になる大きな石を、知り合いの畑からもらう。すべて手で運び、軽トラで塾地へ。（左）完成した薪窯でピザを焼く。窯内の温度は400℃ほど。ピザ生地を「ピザピール」と呼ばれる長さ1mほどもある道具に載せて窯に入れる。ピザピールは、大きなアルミバットを丸く切り、倉庫にあった長い柄にくくりつけて作ったもの。DIYスピリッツから生まれた道具だ。

を大切にした、素直においしいと思える実直な味ばかり。料理店にとって定番料理は、最高の武器となる。その味を思い出してお客さまが通ってくれるからだ。夫妻はもともと店のスタイルもメニューもそれほど変えるつもりはなかった。フランス料理の伝統を大切に、定番を守っていくのが自分たちの道と考えていたから。

「東京には世界のトレンドがダイレクトに入ってきます。フレンチの世界も同じ。新しい潮流は若い人たちに任せて、私たちは伝統を守っていけばいいと思っていたんです。ところがあるとき、倉本先生に言われたんです。50代のシェフが伝統を守るなんて言うのは30年早い！って。

脳みそをガツンとたたき割られたようでした」

悩んだ夫妻の脳裏には、東京で通ってくれていたお客さまの顔が浮かんだという。「皆さんが北海道の新しいお店にどんな期待をしてくださっているか。原点に戻って考えようと。私たちは、お客さまに喜んでいただくために、お店を再開するのですから。そのためには何をしたらいいのか」

ふたりは守りの姿勢を改め、料理の幅を広げようと決意した。有名な食ジャーナリストが行くべきお店を彼らに紹介してくれた。フレンチにこだわらず、さまざまなスタイルのお店をチェックするため、夫妻は東京へ足を運び、朝から晩まで店巡りをしたことも。メニューから内装や接客の様子など、数多くの刺激があったという。

さらに、イタリアへも足を延ばすことに。「本場の空気を感じ、『ル ゴロワ』がブラッシュアップするヒントをみつけてきます」

あちらでは、レストランの厨房に入れてもらったり、農家レストランに泊まったりする予定。新たな経験が新生「ル ゴロワ」を作り上げていくに違いない。

6
「ル ゴロワ」を支える北海道の生産者たち

２０１７年の夏が無事、過ぎ去ろうとしている。馬たちは子どもキャンプや観光客のためのホーストレッキングなどの応援で、十勝の田中次郎さんの牧場に預けられている。「夏の繁忙期、自分たちのごはん分を稼いでもらっています」と敬子さんは笑う。

「ル ゴロワ」は富良野の森の中、薪窯のある一軒家レストランとして来夏、再出発することが決まった。以前と、変わるところもあるだろうけれど、十数年前から使いつづけている北海道食材が、料理の核になることは間違いない。

牡蠣《かき》、羊、チーズ、鹿。骨太な生産者たち

夫婦は毎年、生産者を訪れては交流を深めてきた。牡蠣生産者をはじめ、羊牧場、チーズ工房、蝦夷鹿のハンターを釧路方面へ訪ねる旅に同行した。

厚岸《あっけし》といえば、その味で全国に知られる牡蠣の生産地。湾につながる汽水湖があり、プランクトンが豊富な海水と山や湿原の養分をたっぷり含んだ淡水が混じり合う、牡蠣にとって理想的な海。しかも、本州以南と比べて水温が低いので、牡蠣がゆっくり成長する。

牡蠣生産者の中野 清さん（写真左）。オーストラリアのタスマニアにも牡蠣の勉強へ。☎0153-52-6539

その間に栄養をたくさん取り込み、旨みを増していく。牡蠣にとっての理想郷で、漁師の中野 清さんが育てる牡蠣はさらに格別と、シェフは言う。「最初に食べたときの衝撃を忘れられません。海そのものの味！と思いました。しかも旨みがぎゅっと凝縮されていて」

訪れた日は霧が深く、残念ながら船には乗れなかった。しかし、牡蠣小屋で食べさせてもらった牡蠣のおいしさは忘れられない。クリーミーで濃厚な旨み。透明感のあるきれいな味わい。のどを通り抜けた後にも余韻は続く。こんな牡蠣は初めてだ。

中野さんの牡蠣は「カキえもん」と名付けられた厚岸生まれ、厚岸育ち。「普通のことをきちんとやるだけ」と言葉少ないが、誠実な人柄がにじみ出ている。シェフが信頼する理由が垣間見えた。

厚岸から車で1時間ほどで、白糠町《しらぬかちょう》へ到着し「茶路めん羊牧場」へ。めぇぇぇー。愛くるしい目の羊、羊、羊。広々とした放牧地に、約900頭が暮らす。牧場主は武藤浩史さん。著名な料理人たちからも絶大な信頼を置かれている羊飼いだ。武藤さんが羊を飼いはじめた30年前、輸入羊肉は安価で、国産の羊肉の価値を評価してもらえなかった。「羊の旨さは脂にあります。おいしくするには、健康に育てるのが基本です」。放牧を行い、近所のチーズ工房のホエー(乳清)を与え、飼料は自家配合。もちろん、ストレスなく育てるのも大切。牛肉と異なり、羊肉には格付けがないので、生産者の責任が重大と、武藤さんは言う。「丁寧に育てて、いかに新鮮なうちに送り出すかが勝負。以前は、5頭出荷するなら、同じ部位を5頭分焼いて食べて、納得してから出荷していました」

真面目な仕事が口コミで広がり、いまは料理店や個人客ら常連が、おいしい羊肉を待っている。シェフとの出会いは20数年前。「武藤さんの羊は脂に甘みがあり、肉と脂が口の中で一体になる。乳飲み仔羊は、神々しいくらい優しい味です。僕にとっては特別な肉です」。

武藤さんは、2015年に羊肉料理店「クオーレ」を羊牧場の隣にオープン。鄙《ひな》にもまれな、素晴らしい料理を出す。「北海道の気候は牧羊に適している。羊肉は宗教上の規制がない、世界ではとてもメジャーな存在。このおいしさをもっと日本人に伝えたい」と語ってくれた。

その武藤さんを白糠での兄と慕うのが、「チーズ工房 白糠酪恵舎」を率いる井ノ口和良さん。酪農王国である北海道でありながら、食文化として乳製品が根付いていないことに

「茶路めん羊牧場」武藤浩史さん（写真左）は、日本の羊飼いの第一人者。黒い顔の羊はサフォーク種、白い顔はポールドーセット種。☎01547-2-4623
https://charomen.com

（右）「チーズ工房 白糠酪恵舎」の井ノ口和良さんは「圧倒的においしい、アジアNo.1のチーズを目指す」と熱く語ってくれた。☎01547-2-5818 https://www.rakukeisya.jp
（左）主にライフル銃を使う、蝦夷鹿ハンターの松野 穣さんと。
紹介した生産者はすべて、個人販売可能。

気付き、白糠の牛乳を利用したチーズ造りを始めた。「ミルクの味そのままを表現しているような」イタリアの素朴なチーズに魅せられて、イタリアチーズの造り方を踏襲している。

「イタリアチーズはシンプルな味なので、料理に使えば、さらに生きてきます。食材の本質を見極めて料理する日本人の感性に合っています」と井ノ口さん。地元のレストラン60数軒へ卸し、全国の料理人やチーズショップからの問い合わせも多い。地元消費をベースにするため、値段を抑える一方、白糠の名を全国へ届けられれば、地元の活性化にもつながると、道外への営業も怠らない。

「どのチーズも、牛乳のおいしさが生きた素直な味。ほかの食材を引き立ててくれる料理の要です。ゴロワサラダには欠

郵便はがき

おそれいりますが切手をお貼り下さい

104-8011

東京都中央区築地5-3-2

株式会社
朝日新聞出版
生活・文化編集部行

ご住所 〒 電話 （ ）		
ふりがな お名前		
Eメールアドレス		
ご職業	年齢 歳	性別 男・女

このたびは本書をご購読いただきありがとうございます。
今後の企画の参考にさせていただきますので、ご記入のうえ、ご返送下さい。
お送りいただいた方の中から抽選で毎月10名様に図書カードを差し上げます。
当選の発表は、発送をもってかえさせていただきます。

愛読者カード

お買い求めの本の書名

お買い求めになった動機は何ですか？（複数回答可）

1. タイトルにひかれて　2. デザインが気に入ったから
3. 内容が良さそうだから　4. 人にすすめられて
5. 新聞・雑誌の広告で（掲載紙誌名　）
6. その他（　）

表紙　1. 良い　2. ふつう　3. 良くない
定価　1. 安い　2. ふつう　3. 高い

最近関心を持っていること、お読みになりたい本は？

本書に対するご意見・ご感想をお聞かせください

ご感想を広告等、書籍のPRに使わせていただいてもよろしいですか？

1. 実名で可　2. 匿名で可　3. 不可

ご協力ありがとうございました。
尚、ご提供いただきました情報は、個人情報を含まない統計的な資料の作成等に使用します。その他の利用について詳しくは、当社ホームページ https://publications.asahi.com/company/privacy/ をご覧下さい。

かせません」とシェフはこのチーズの熱烈なファンだ。

井ノ口さんはいま、純国産のチーズ造りに挑んでいる。イタリア産酵素を使用してきた井ノ口さんにとって、日本の紅花の種から酵素を取り出し、短期熟成のチーズにする新しい試みだ。少し食べさせてもらったが、牛乳のクリーミーさが際立つまろやかな味わい。毎日食べたくなる味だ。

チーズ工房を後にし、カリスマ鹿ハンターの松野穣《みのる》さんの事務所へ向かう。松野さんは、鹿の首の骨、数㎝四方を狙って撃つ。最長500mの距離からも一発で仕留めることのできる凄腕の持ち主だ。「撃たれたことがわからないうちに」息が止まってしまうという、鹿にとってストレスのない撃ち方なので、肉が傷まない。しかも、速やかに後処理するため、松野さんの鹿肉は臭みがなく、新鮮で肉質が緻密《ちみつ》かつ繊細、と評判。「身が締まっていて、きれいにサシが入っているんです。秋の鹿もおいしいですね。名人ならではの肉です」とシェフは絶賛。有名料理人を含め、全国に約1000店の顧客がいるが、なんといっても野生が相手。送れるときにお願いします、という注文ばかりだそうだ。

釧路以外にも、芦別《あしべつ》の野菜生産者・佐野昌治さんからピカピカの野菜を、上士幌《かみしほろ》町の酪農家・新村浩隆さんから放牧牛乳や生クリームを、江別《えべつ》の「トンデンファーム」松山増男さんから豚肉を、帯広の「ランチョ・エルパソ」平林英明さんから豚肉加工品を、中標津《なかしべつ》の酪農家・山本照二さんから放牧牛乳を。「ル ゴロワ」の土台はこんな骨太な生産者たちに支えられている。来年の夏、彼らの食材がレストランのテーブルを飾るのが待ち遠しい。

7 「ル・ゴロワ フラノ」2018年初夏にオープン！

新生「ル ゴロワ」のオープンが決まった。来年の初夏、「新富良野プリンスホテル」の森の中に、一軒家のレストランとして誕生する。

東京・神宮前の「ル ゴロワ」を閉めてすでに1年半が経とうとしている。新天地での展開を心待ちにしている常連客からこの夏、「北海道へ行くから寄りたい」という連絡が、マダムの大塚敬子さんの携帯に何度も入った。私たちの取材中にも、夫妻が住む富良野塾跡の門の前に「いまいるの」という電話がかかってきた。「すみません」と敬子さんは謝った。「もう富良野にオープンしたと思っていらっしゃる方もおられて。申し訳ないです」

大塚夫妻にとって、昨年から今年にかけては長くて、短かった時間だろう。台風の被害に遭い、物件探しに難航し、立ち止まってしまったとき、手を差し伸べてくれたのが、脚本家の倉本 聰氏だった。

「なかなかうまく進まなくて。そんな頼りない私たちを見かね、倉本先生がご提案くださったんです」

「新富良野プリンスホテル」には、倉本氏がプロデュースした「ニングルテラス」やバー、喫茶店などがある。そのご縁もあり、富良野市を見渡す丘の中腹に、「ル ゴロワ」をオープ

秋の味覚を食卓に載せる。鹿は牧草が大好き。牧草を食べている鹿は、やはり甘い香りがするのだとか。鹿を牧草で瞬間燻製すれば、さらに草の香りがする鹿料理に。

ンすることになった。総合プロデュースは倉本聰氏。レストランの外観は、森に溶け込むよう、曲線を多く用いたやわらかなデザインになる予定だ。

健一シェフのいちばんの望みだった薪窯《まきがま》は設置される。「フレンチだけにこだわらなくてもいいのでは」という倉本氏の言葉もあり、窯ではピザも焼く。フレンチひと筋だったシェフに、違う世界があることを知ったほうがいいと、イタリア視察を提案したのも倉本氏だった。この夏、シチリアからナポリ、ローマ、ミラノなどを回り、レストランの厨房でスタジエ（研修）をし、農家にも泊まった。

「確かに僕はフレンチの世界しか見ていなかった。ソースがいちばん大切だと思っていますし、修業時代にたたき込まれたフランス料理の技法がベースです。それが僕の原点です。ただ、薪で焼いた肉や魚、蒸し焼きしただけの野菜、小麦粉と水で作るピザ生地……。イタリアンには、シンプルで力強いおいしさがある。料理のジャンルにこだわる必要はないんですね。いまは、僕の周りに信頼できる生産者さんたちがいる。新鮮でおいしい食材を存分に生かした料理を作ります！」

メニューの詳細はまだ決まっていないが、「特製ル ゴロワ風サラダ」「にんじんのムース」、パティシエでもある敬子さんが作る「グレープフルーツのプリン」などの定番を残しつつ、富良野ならではのメニューを考えている。

富良野スペシャリテは牧草の香りをまとった鹿肉

今回の取材は10月だったが、富良野は冬の入り口にたたずんでいた。

「紅葉は日の光に包まれ、きらきら光りながら落ちるのよ。馬の世話をしながら、空を仰ぐと見えるの。飽きないわね」と敬子さんは笑う。オープン準備で慌ただしいなか、ふとした小さな時間を抱き締めている。

新しいメニューを考えたと、シェフが料理を作ってくれた。

白糠町《しらぬかちょう》の蝦夷鹿《えぞじか》ハンター・松野 穣さんの蝦夷鹿を1kg丸ごと薪で焼く。フィレとロース、いわゆるTボーンと呼ばれる部位だ。添えるソースには、鹿のジュ（だし）と赤ワインを合わせ、富良野産の赤ぶどうを加えた。コクと酸味のバランスが絶妙な軽い味わい。野菜は、岩手の南部鉄器でオーブン焼きに。富良野の天心農場の大きなエシャロットとかぼちゃ。

（上）薪火の前に立つシェフ。薪を扱うときのシェフはとても楽しそう。（下）白糠の名人ハンターからの蝦夷鹿。シェフ自ら赴き、受け取ってきた際に、自分で撃って解体してみてはと言われて松野さんとハンティングへ。「鹿がみつからなかった」ので結局、鹿撃ちはかなわず。「内心はほっとしているのよ（笑）」と敬子さん。

じゃがいも、カリフラワー、なすも富良野の農家から。富良野塾跡地で大塚さんたちが育てている原木椎茸。鉄器の中で蒸し焼きにされた元気な地元野菜は、芯までしっかり火が通り、食材の味を花開かせていた。

「薪火で焼くには、つきっきりでないとだめなんです。オーブンのように温度設定ができないので、火から離したり寄せたりして加減します。肉の状態をずっと見ていなければならない。余分な脂分が落ちて、いい感じに弾力が出てきたら、『おいしくなったぞー』って、肉が語りかけてくれるんです」

素材の声を聞けば、どのように料理したらいいのか、食材自身が教えてくれるのだと言う。

薪窯は戸外にある。肉を焼きながら、自分たちの富良野らしさとはなんだろうとシェフは考えた。ふと目に入ったのが、馬たちの食料である牧草だった。

これだ！と閃《ひらめ》いた。

「牧草を燃やして燻製にしよう」

富良野には酪農家も多い。この土地の匂いを伝えるのに、絶好の材料だ。暮らす場所で大塚さん夫妻の日々感じるイメージが、お皿の上に投影される。牧草の香りをまとった鹿肉。牧草は、お日様の匂い、甘いミルクのような香りがすることを、初めてこの日知った。

来年に向けて、夫妻は一歩ずつ進んでいる。東京でも北海道の食材を使っていたが、富良野に住んでみてわかったことが限りなくあると言う。その成果は確実に実を結びつつある。

食材はすべて北海道のもの。馬のあかりちゃんが見守ってくれています！

8

「ルゴロワ」を支える富良野の生産者たち

「ル ゴロワ」の土台であり、夫妻がいちばん大切にしているもの。それは生産者たち。料理人にとって、素材選びは最も重要な仕事だ。シェフは、20数年前から北海道の食材をメインに使ってきた。大地の恵みを存分に受けた野菜やフルーツ、牛、羊にジビエ。北の豊かな海で獲れた脂の乗った魚介たち。

スペシャリテの「特製ル ゴロワサラダ」は北海道食材が満載だ。「北海道の生産者さんたちとのつながりが増えるごとに、サラダの食材も増えていって。先輩シェフに、『大塚君、載せすぎだよ』って言われたこともあります（笑）」

この北の大地に魅せられたのは、ひとつの食材に出合ったのがきっかけだった。20数年前のこと。ふたりで北海道へ旅に出て、富良野の「ビストロ ル シュマン」で食事をしたとき。前菜のチコリのみずみずしいおいしさに

「天心農場」の北川光夫さん（写真中央）と大塚夫妻。北川さんは道産チコリの先駆者。冬でもできる農業をと、試行錯誤を繰り返して栽培技術を確立。チコリコーヒーも作る。http://www.f-tenshin.co.jp/

驚き、どこのものか尋ねた。近くに畑があると聞き、その足で訪ねたのが「天心農場」だった。

志ある生産者たちとの出会いが料理を変えた

「緑を育てることできれいな空気と水、きれいな水を使って豊かな土を作るのが農業です。空気や水を作るのは本来、神様の仕事。農家は食物にお金をいただきますが、このふたつの仕事を神様に代わってする。だから、農業とは天の心を持ってする仕事〃天心〃なんですよ」と、創設者である北川光夫さんは、農場の名前の由来を教えてくれた。この矜持に感銘を受けたと、敬子さんは振り返る。

「まず、土が素晴らしかったんです。ふわふわで、きれい。愛情を注いで野菜を育てているのがわかりました。野菜の味が濃くて。い

左／「星野果樹園」の星野修司さん。「ハスカップも育てています。ジャムに最適です」右／完熟へ向かうブルーベリー。http://hoshino-kajuen.com

まで私たちは何を食べてきたんだろうと考えさせられました」

ル ゴロワの料理が一歩前進した瞬間だった。天心農場から野菜を取りはじめたと同時に、北川さんから北海道の生産者をさらに紹介してもらい、食材の幅がどんどん広がっていった。

敬子さんが作るデザート、ブルーベリーのムースとタルト。どちらにも、親指の先ほどもある見事なブルーベリーがこんもり載っている。圧倒的な味の深さは、「星野果樹園」のブルーベリーだから。「星野さんのブルーベリーじゃないと、このデザートは作りません。いまの時期だけですよ」と言われて、そのデザートに出合えた幸運に何度喝采したことか。

その星野果樹園は、芦別岳の麓にある。2・6haの畑に、ブルーベリー、ハスカップを、それぞれ2000本育てている。ご主人

左／「ふらのジャム園　共済農場」の山本和弘さん。「自然の循環を意識し、環境を考えて食べ物を作りたい」右／完熟トマト。https://www.furanojam.com

の星野修司さんは北海道厚岸町の出身。東京で働き、１９９３年に富良野へ移って、果樹園を始めた。

「ここのブルーベリーのおいしさは特別」と敬子さんが絶賛する味は、星野さんの愛情たっぷりの栽培方法によって生まれている。

農薬の使用量を極力減らし、すべて樹上で完熟させる。しかもさらに追熟させ、手摘みで出荷する。富良野の厳しい冬には、凍害防止のために雪囲いをし、ムロかけ作業などもしなければならない。フルーツの実がなるには、膨大な時間と手間が求められるのだ。

「ふらのジャム園　共済農場」のトマトも、20年ほどの長いお付き合い。土作りに心血を注ぎ、作物そのものの生きる力を引き出す。トマトのほか、グリーンアスパラガス、かぼちゃ、スイートコーンなどを大塚シェフがお皿に載せる。「ここの野菜を使うことによっ

左／「黒木農園」黒木健太郎さん、妻の夏実さん、ひとり息子の大地くん。
右／ミニトマトのジュース。全国発送可。https://www.kuroki-farm.com

て、自分の料理が生き生きとしてきました」。食材と料理人の共鳴。ル ゴロワでは確実に、素材から料理人が生まれてきたのだ。

　夫妻が富良野に移住してから知り合った生産者もいる。「黒木農園」の黒木健太郎さん。富良野塾出身。卒塾した２０１１年に富良野で農業を始めた。いまはミニトマトをメインに、さまざまな種類を育てている。トマトジュース作りにも力を入れ、妻の夏実さんの名前をつけたジュースを販売。ミニトマトは糖度が高いので、ぎゅぎゅっと旨みが詰まった濃厚なトマトジュースが人気商品に。「これからミニトマトの種類も増やすようです。応援しています」

　酪農家の伊藤正雄・和子夫妻には、馬たちの牧草を譲ってもらったり、敷地内に大塚夫妻のための畑を作ってもらったり。「和子さんは野菜作りが得意で、魔法の手を持ってら

富良野で酪農のすべてを教えてもらっている「インマヌエル牧場」の伊藤正雄さん（写真左）、妻の和子さん（中央）と。ここの敷地でル ゴロワの野菜を作らせてもらっている。

っしゃる」と敬子さんは頼りにしている。新しいル ゴロワの牛乳はここからも運ばれる。

東京時代には、年に何度も生産者を訪ねて会話を重ね、土地の空気を吸い、匂いを感じて、食材の本質を読み取ってきた。いまは、食材のすぐ近くに住み、料理をする。〝素材を生かす〟とはありふれたフレーズだが、富良野に移住して、そのことをいっそう切実に感じていると、大塚シェフは言う。

届けられた食材を四季の移ろいも忘れてしまいそうな東京で料理するのと、生活する場所で育てられたぴかぴかの野菜を手にするのでは、大きく違う。その〝何か〟とは——。オープンまで約2カ月。新生「ル ゴロワ」で、〝何か〟に出合えるはずだ。

富良野で料理をするということ。

「30年以上もの間、願ってきた北海道移住。レストラン開業の準備期間中に、大勢の生産者さんを訪ねました。何日間もかかって東京の店に届いていたのが、いまは数十分で届く食材もあります。野菜やフルーツなど、特に新鮮さが求められるものの風味は最高です。料理する際、余計なものは足さず、食材の味を引き出すことだけを心がければ充分です。地球環境もどんどん変わりますし、新型コロナで海外との行き来もままならない状況が続くでしょう。レストランも地産地消を基本にすれば、料理の在り方もおのずと見えてくると思います」（健一）

豚肉と野菜のロースト(P.66)

豚肉と野菜のロースト

豚肉の塊をハーブとスパイスでマリネし、季節の野菜とともに、ダッチオーブン（鉄鍋）でローストするだけ。蓋の上に熾《おこ》した炭をのせ、上下からじんわり火を入れるので、肉と野菜が互いの旨みをじっくり吸いながら焼き上がります。シンプルな調理法ですが、何より旨い。ただし、家庭でも作れるよう、オーブンを使ったレシピをご紹介しましょう。

材料（作りやすい分量）
豚ロース肉（塊）……1kg
塩……適量
マリネ液
はちみつ……大さじ1
粒マスタード……大さじ1
オリーブオイル……大さじ1
タイム（ドライ）……小さじ1
ローズマリー（ドライ）……小さじ1
コリアンダーシード……小さじ1
黒こしょう（挽いて）……小さじ½
野菜（季節のものを好みで）
写真（P.65）はエシャロット、玉ねぎ、ごぼう、人参、セロリ、じゃがいも、菊いも

作り方
1 豚ロース肉に塩をすり込み、さらにマリネ液を全体にすり込んで、ラップに包み、冷蔵庫でひと晩おく。
2 1の肉を冷蔵庫から出して、1時間ほど常温に戻す。
3 エシャロットと玉ねぎ、じゃがいも、菊いもは皮をむく。ごぼうは皮をこそげ、セロリは筋を取り、ともに鍋に入る長さに切る。野菜をすべて鍋に入れてオリーブオイル適量（分量外）をかけ、全体にまぶす。
4 オーブンを200℃に予熱する。
5 フライパンにオリーブオイル適量（分量外）を入れ、2、3を並べ、中火で軽く焼き色をつける。
6 5をオーブン対応の鍋に移す。オーブンに入れて蓋をして20分、蓋をとって、上下を返して20分焼く。
7 豚肉を食べやすい厚さに切り、野菜とともに器に盛る。

20年間、作り続けてきた味です。

1997年に表参道で「ル ゴロワ」をオープンして、「うちらしい味を」と考えたメニューの一部が、お店の「顔」になり、お客さまに愛されています。定番にしようと意図したわけではなく、お客さまのリピートが多いものを、ずっと作り続けてきたというのが、本当のところ。時代とともに少しずつレシピを変えてきて、いまの味になりました。安定したおいしさをお届けするには、それなりの苦労もありますが、これらの料理を目当てにいらしてくださるお客さまが多く、料理人冥利に尽きます。20年、飽きもせず、家でも作ってくださり、自分で言うのもなんですが、「おいしいなあ」と。皆さまも、おうちで作っておばれ、嬉しいです。（健一）

ル ゴロワサラダ (P.70)

ル ゴロワサラダ

ル ゴロワといえば、と言われるほどのシグニチャーディッシュです。食材は北海道オンパレード。家では、こんなにたくさん揃えなくていいでしょう。ただし、葉野菜は3種類あるとぐんとおいしくなります。具材は市販のもので充分。パテ・ド・カンパーニュなどと合わせてもよいですね。

材料

葉野菜3種類
（サニーレタス、クレソン、トレヴィス）
季節の野菜とハーブ類、具材

くるみ（ロースト）
白炒りごま
揚げたにんにくのスライス
フレンチドレッシング
わさびドレッシング*
塩、白こしょう、
オリーブオイル

＊わさびドレッシングの材料と作り方
玉ねぎペーストを作る。玉ねぎ80g、米酢35㎖、りんご酢大さじ½強、しょうゆ35㎖をブレンダーなどで撹拌する。粉わさび7gを水で溶いて玉ねぎペーストと混ぜ、サラダ油180㎖を少しずつ加えながら撹拌して、乳化させる。

作り方

1 葉野菜は3種類あれば、食感と味わいに変化が出る。トレヴィスのようなかための葉を加えると盛りつけに立体感が生まれる。

2 葉野菜を大きめのひと口大にちぎる。こうすればしんなりせず、フォークを使ってひと口で食べやすい。

3 2をたっぷりの水につけ、すぐにざるにあげる。これで青臭さが抜ける。水を取り替え、10～20分つける。

4 3の水切りをしっかりする。

1

2

3

5

ボウルに入れてラップをし、冷蔵庫へ。

5

季節の野菜は、火を通すべきものはゆでる。写真はきゅうり、ブロッコリー、スナップえんどう、コールラビ、かぶ、人参、ズッキーニ、じゃがいも、カリフラワー。すべて塩とオリーブオイルで和える。

6

器の中央にセルクルをのせ、周りに具材を並べる。具材は、鹿肉のパテ、蟹肉の天ぷら、焼いたイワシ、ヤマメの唐揚げ、鶏の唐揚げ、ソーセージ、黒木農園のミニトマト、豚肉のソテー、帆立のポワレ、スモークサーモン、マッシュルームのソテー、5の野菜。

7

テクスチャーと香りをプラスするための、ローストしたくるみ、揚げたにんにくスライス、白炒りごまを用意する。用意するのが大変ならば、ミックスナッツで代用しても。

8

大きめのボウルに氷水を張り、4のボウルをのせ、葉野菜に塩と白こしょう各適量をふり、手でさっくり混ぜる。7を加えて、同様に混ぜる。フレンチドレッシングを加え、混ぜ合わせる。

9

8にわさびドレッシングを加えて、手で和える。手を使うのは、1枚1枚の葉にしっかりドレッシングを和えたことを確認できるため。和えるのは、食卓に出す直前に。両手山盛り1杯の葉野菜に大さじ1と½のドレッシングが目安。

10

6のセルクルに9を山盛りに盛る。セルクルをはずせば、出来上がり。

6

7

8

9

10

ル ゴロワ特製ステーキ丼

「ル ゴロワ」を始める前、ふたりが任されていたカフェで、俳優の故・三國連太郎さんにリクエストされて考案しました。ステーキを丼にするのは、当時とても珍しく、これ目当ての行列ができたほど。いまも、「これじゃなきゃ」とおっしゃるお客さまも多く、メニューからはずせない大切な一品です。

材料（4人分）
牛ロース肉……80g×4枚
塩、こしょう……各適量
炊いたご飯……お茶碗4杯分
玉ねぎ……大1個
マッシュルーム……8個
バター……大さじ1
ソース
玉ねぎ（みじん切り）……30g
割り下（市販のすき焼きのたれ）……100㎖
柚子の搾り汁……10㎖
バター……大さじ1
白髪ねぎ……適量
細ねぎ（小口切り）……適量
サラダ油……適量
付け合わせ（好みで）
写真は、人参のバター煮、大根のブイヨン煮、ごぼうの天ぷら、かぼちゃの素揚げ、椎茸のソテーなど

作り方

1 ソースを作る。玉ねぎと割り下、柚子の搾り汁を鍋に入れて中火にかけ、沸いたら弱火にしてバターを加え、混ぜ合わせる。

2 玉ねぎを1㎝角に切る。マッシュルームは5㎜厚さに切る。

3 フライパンにバターを入れて火にかけ、バターが溶けたら、玉ねぎを中火で炒める。しんなりしたらマッシュルームを加え、1のソースを大さじ1加えて混ぜ、火を止める。

4 肉は常温に戻す。肉の両面に塩、こしょうする。片面に1のソースを塗る。

5 フライパンにサラダ油を入れて中火で熱し、ソースを塗ったほうを上にして肉を焼く。表面がこんがり焼けたら、上下を返して火を止め、余熱で火を通す。フォークを肉の下に差し込んで肉を浮かせて、焼いた時間と同じ時間ねかせる。

6 ご飯を器に盛り、1のソースを温め、ひとり分の半量をご飯にかけ、3の¼量をのせる。5のステーキを食べやすく切ってのせる。残りのソースを肉にかける。付け合わせを添え、白髪ねぎをのせ、細ねぎを散らす。

MEMO
ステーキには牛のロースがおすすめです。付け合わせの野菜はお好みで。白髪ねぎだけ、あるいは葉野菜のサラダを添えても。

ハヤシライス

どの季節も魅力的な姿を見せてくれる富良野の森ですが、真冬の銀世界の美しさは格別です。冬のゴロワをもっと楽しい場所にしたくて、朝ごはんやカフェメニューも出したいと思っています。そんなときのために考えているのが、このハヤシライス。トマトジュースの旨みと甘みが隠し味です。

材料（4人分）

牛切り落とし肉……240g
玉ねぎ……中1個
マッシュルーム……8個
トマトケチャップ…大さじ1
中濃ソース……小さじ1
塩、黒こしょう……各少々
サラダ油……大さじ1

ソース

玉ねぎ……大1個
にんにく……2片
赤ワイン……300㎖
トマトジュース…180㎖
市販のデミグラスソース……1缶（290g）
ローリエ……1枚
黒粒こしょう……10粒
サラダ油……大さじ1

作り方

1
ソースを作る。玉ねぎを繊維に沿って5㎜厚さに切る。にんにくは皮をむき、薄切りにする。鍋にサラダ油を入れて中火にかけ、玉ねぎとにんにくを加え、しんなりして甘みが出るまで炒める。赤ワインを加えて⅓量になるまで煮詰める。トマトジュース、デミグラスソース、ローリエ、黒粒こしょうを加えて混ぜる。沸いたら、アクを取りながら弱火で30分ほど煮て、少し大きめの鍋にざるで漉しながら移す。

2
玉ねぎは縦半分に切り、繊維に垂直に1㎝幅に切る。長い部分は長さを半分に切る。マッシュルームは5㎜厚さに切る。

3
フライパンにサラダ油を熱し、2の玉ねぎを中火でしんなりするまで炒める。2のマッシュルームと牛肉を加えて炒め、火が通ったら1のソースに加えて混ぜる。

4
3にトマトケチャップと中濃ソース、塩を加えて混ぜ、黒こしょうを挽きかける。

MEMO
濃度はソースの状態で決まるので、ソースが出来上がったら、水を足したり、煮詰めたりして、好みの濃度に調整すること。

桃のスープ

夏のデザートのいちばん人気。「果物の桃よりおいしい」とおっしゃってくださるお客さまも。完熟の桃を使います。

材料（4人分）
桃……………………2個
グラニュー糖…………100g
レモン汁……………数滴
桃のゼリー*……好きなだけ

作り方

1 桃はよく洗って、丸ごと鍋に入れる。水1ℓ（材料外）、グラニュー糖を加えて中火にかける。煮立ったら火を止めて15分ほどおく。

2 1を再び中火にかけ、煮立ったら火を止めて、そのまま粗熱がとれるまでおき、煮汁ごと冷蔵庫で冷やす。

3 2の桃の皮と種を取り除き、ミキサーに入れる。2の煮汁をひたひたに加え、ピュレ状になるまで撹拌する。レモン汁を加えて混ぜる。器に盛り、桃のゼリーをのせ、フレッシュの桃適量（分量外）をひと口大に切って、浮かべる。

＊桃のゼリー
板ゼラチン6.5gを冷水適量でふやかしておく。2の煮汁500mlを取り分け、小鍋に入れて温め、火を止める、水けを切った板ゼラチンを加えて溶かし、レモン汁大さじ1、桃のリキュール少々を加える。バットなどに流し、冷蔵庫で冷やし固める。

ブルーベリーのシャンティ

旬のフルーツにはなるべく手をかけず、そのものの風味を堪能していただきます。おいしいブルーベリーなら、甘さ控えめのシャンティを添えるだけです。

材料
完熟ブルーベリー……適量
生クリーム（乳脂肪分45％）適量
グラニュー糖……適量

作り方
1 生クリームをボウルに入れ、その重量の1割ほどのグラニュー糖を加えて、泡立て器でしっかり（9分立て）泡立てる。

2 ブルーベリーは、食べる直前にグラニュー糖をまぶし、器に盛り、1の生クリームを添える。

グレープフルーツのプリン

「ル ゴロワサラダ」と並ぶ2大看板メニュー。グレープフルーツの心地よい苦味が、プリンを大人のレストランデザートに格上げしてくれました。グレープフルーツのワタを牛乳にひと晩漬けるのがポイントです。

材料（ココット5個分）
牛乳……………………275g
グレープフルーツの白いワタ……………………½個分
A
卵……………………1と½個
卵黄……………………2個
三温糖……………………55g
生クリーム……………………50g
カラメルソース
グラニュー糖……………………50g
グレープフルーツ果汁……………………50ml
グレープフルーツのマリネ*
グレープフルーツのピール**

作り方
1 ボウルに牛乳を入れ、グレープフルーツのワタを漬け込み、冷蔵庫でひと晩おく。
2 オーブンを150℃に予熱する。
3 Aの材料をボウルに入れて、泡立て器でよくすり混ぜる。
4 1を鍋に入れて沸かし、3に少しずつ加えて混ぜ込む。ワタをよく絞り（熱いので気を付けて）、網で漉しながらココットに流し入れる（ワタは除く）。
5 4を天板に並べ、アルミホイルでしっかりふたをして、ココットの高さ半分ほどに熱湯を張り、オーブンで約25分、真ん中が少しゆれる程度に焼けたら、オーブンのスイッチを切って10分間置き、オーブンから出す。冷蔵庫で1時間以上冷やす。
6 カラメルソースを作る。小鍋にグラニュー糖と少量の水（材料外）を入れて火にかけ、しょうゆ色になるまで焦がす。グレープフルーツ果汁を注ぎ、よく混ぜて、網で漉しながら別の容器に入れておく。
7 5のプリンにグレープフルーツのマリネ適量をのせ、周りにカラメルソースを大さじ2ほどかけて、グレープフルーツのピール適量をのせる。

*グレープフルーツのマリネ
薄皮をむいたグレープフルーツの果肉をグラニュー糖とグランマニエ各適量でマリネしておく。

**グレープフルーツのピール
グレープフルーツの皮をピーラーでむき、せん切りにする。小鍋にお湯を沸かして皮を入れて、1〜2分ゆがく。これを3回繰り返してアクを抜く。ざるにあげた皮を小鍋に入れて、皮の重量の70％のグラニュー糖と水少量を少しずつ加えながら中火で煮詰め、つやが出たら強火にして混ぜながら水分を飛ばす。

朝ごはんの幸せ

「森の生活で、朝起きていちばんにするのは、馬の世話です。積んである藁《わら》を馬小屋へ運んだり、寝藁を取り替えたり、馬房の掃除もします。氷点下にいる馬たちのために、桶にお湯を入れて飲ませることも。ひと仕事したら、森の景色を眺めながら犬や猫たちに囲まれて、コーヒーとパンの朝ごはん。馬たちが時々、ガラス窓からのぞきに来ます。東京で暮らしていたときは、朝は忙しいだけでしたが、いまはこのひとときが幸せでたまらない。この時間のために移住したようなものです。レストランで、いつか朝食もお出ししたいと考えています。シェフのオムレツ、絶品なんですよ。お客さまに幸せな時間を味わってほしいのです」（敬子）

シェフのオムレツ (P.84)
そば粉のパン (P.88)

シェフのオムレツ

軽井沢のホテルが僕の初めての仕事場でした。新人は朝食のオムレツ作りを担当します。卵料理って、工程はシンプルですが、上手に仕上げるのは難しい。何度も何度も焼いて、そのときに覚えた技がいまでも役立っています。僕の作り方は、卵の風味を際立たせるために、卵以外の材料はバターだけ。塩も入れません。ただし、バターはたっぷり使います。しかも、焼き上がりにバターをさらに表面に塗ります。追いバターですね。卵の風味が際立ち、艶やかな仕上がりになります。

シェフのオムレツ

表面はしっかり固めて艶やかに、卵白のコシをしっかり切って、中はふわっとした口当たりに仕上げます。

材料（1人分）
卵……2個
バター……大さじ2

作り方

1 卵をボウルに割り入れて、菜箸で30秒ほど混ぜる。上下に箸を動かし、卵白のコシを切り、ほぐすように混ぜる。

2 写真のように卵白と卵黄がよく混ざった状態がベスト。

3 直径15㎝のフライパンを使用。フライパンにバターを入れて中火にかける。

4 バターが溶けたらすぐに2の卵液を一気に流し入れる。フライパンは熱し過ぎないこと。熱過ぎると卵がすぐに固まり、バターが焦げてしまう。

5 フライパンを前後にゆすりつつ、菜箸で絶えず全体を混ぜながら、火を通す。スクランブルエッグを作るイメージ。1カ所だけ固まってしまわないように、万遍なく火を通せば、表面がなめらかに仕上がる。

6 フライパンを奥にかたむけ、手前から中心に向かってゆっくり卵を折りたたむ。

7 手前⅔ほどを折りたたんだら、奥を手前に折りたたむ。フライパンのカーブを利用しながら形を整え、ひっくり返して

1

2

4

5

6

7

8

1

2

3

表面を固める。

8 すべらせるように器に盛る。さらにバター（分量外）を表面に塗る。照りを出し、風味がアップ。

添え野菜

添える野菜は、味付けをしっかり濃いめにします。卵と一緒に食べるとちょうどよいイメージです。

材料
好みの野菜
塩、こしょう、ケチャップ
バター

作り方

1 野菜はそれぞれ下ごしらえをする。すべて1.5〜2㎝角の大きさに揃える。写真はピーマン（赤、緑）、ズッキーニ、ゆでたじゃがいも、人参、とうもろこし、カリフラワー。ほかに玉ねぎ、セロリ、ブロッコリー、かぶなど種類も量もお好みで。火が入りにくいものは下ゆでする。

2 フライパンにバターを入れて中火にかけ、バターが溶けてきたら、すべての野菜とケチャップを入れて軽く炒め合わせる。

3 塩、こしょうで味を調えて火を止める。

20年ほど前、食事に合うパンをお店で出したくて、焼き始めました。僕の故郷・信州の特産であるそば粉を使ってみようと。焼いてみたら、そば粉の風味が料理にとても合うんですね。普通のパンより水分が2～3割多いので、生地をこねず、作業がラク。忙しい厨房仕事の合間のパン作りを想定したレシピです。焼き上がりは、外皮はパリッと、中はもっちり。お店では必ず焼きたてをお出しします。そば粉の風味がふわりと広がる優しい味です。

そば粉のパン

そば粉の名産地、北海道・幌《ほろ》加内《かない》町産を使っています。南富良野にも生産者さんがいらっしゃるとか。将来は地元産も使いたいな。

材料（作りやすい分量）

	薄力粉	530g
	そば粉	80g
A	ドライイースト	5g
	三温糖	5g
	人肌のぬるま湯	20㎖
B	水	380㎖
	塩	13g
	はちみつ	13g

作り方

1 小さいボウルにAを合わせて混ぜる。少し大きめの小鍋に水を人肌程度に温め、Aを合わせたボウルを重ね、8分おいてイーストを発酵させる。

2 Bを大きなボウルに入れて、よく混ぜ合わせる。

3 別のボウルに薄力粉とそば粉を入れ、泡立て器でよく混ぜ合わせる。

4 2に3を加えて混ぜ、1を加え、へらで均一になるように混ぜる。

5 へらをスパチュラに替えて、切るように混ぜてまとめていく。こねないのがポイント。

6 5の生地をボウルに入れ、ラップをし、金串などで穴を数カ所あけ、冷蔵庫でひと晩ねかせる（1次発酵）。

7 3倍ほどに膨らんだ生地を冷蔵庫から出す。

8 台に打ち粉（そば粉・分量外）を

1

2

3

4

5

して生地を置き、生地にも粉をふる。生地を台に打ちつけながら、たたんで丸める作業を数回行い、最後は表面をなめらかにする。ボウルに打ち粉（そば粉・分量外）をし、生地を入れてラップをし、金串などで穴を数カ所あける。暖かい場所に2〜3時間おく（2次発酵）。

9 台に打ち粉（そば粉・分量外）をして8を置き、全体にそば粉（分量外）をふる。

10 生地をスパチュラで24等分し、オーブンシートを敷いた天板に並べる。

11 230℃のオーブンで10〜11分焼く。

MEMO
大きい塊で焼く場合は、9にナイフで切れ目を入れ同様にオーブンで20〜25分焼く。

6

7

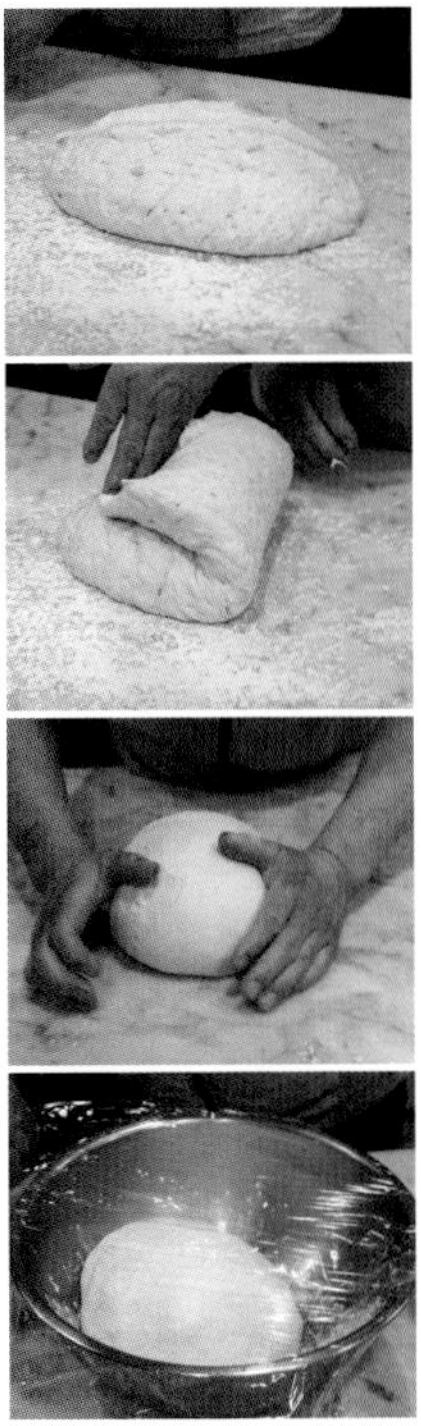
8

9

10

11

季節のジャムのお話

保存食としてではなく、フルーツをおいしく加工するためのジャムのレシピです。フルーツの水分を飛ばしたくないので、火入れの時間を短くし、水分を残して果実に煮含ませます。こうすると、フレッシュ感が残り、果実の風味が際立ちます。デザートに添えたり、パンにのせたり。甘さ控えめなので、そのまま食べてもおいしい。ご紹介する、いちごとブルーベリーのジャムのレシピがうちの基本の作り方。グラニュー糖の分量はあくまでも目安です。酸味があれば増やしてもいいし、あえて酸っぱさを生かした味にするのもいいでしょう。ほかにさくらんぼや赤肉メロン、森で採れる木苺、すぐり、こくわ……。富良野の素材の味わいを大切にし、自分の感覚を信じて作るのがジャム作りの楽しさと思っています。

いちごジャム

材料（出来上がり250㎖瓶1瓶）
いちご……150g
グラニュー糖……55g
A ペクチン……1g
　グラニュー糖……20g
レモン汁……小さじ½〜1

作り方
1 Aを小さいボウルに混ぜ合わせておく。いちごは手で軽くつぶしながら鍋に入れる。
2 1の鍋にグラニュー糖を加えて中火にかけ、グラニュー糖が溶けたら蓋をして5分煮る。蓋を取り、アクを取りながら3〜4分煮る。
3 Aを加えて混ぜ、ひと煮したらレモン汁を加えて混ぜ、火を止める。
4 煮沸した瓶に3を入れて蓋をして逆さにして冷ます。

ブルーベリージャム

材料（出来上がり200㎖瓶4瓶）
ブルーベリー……500g
ハスカップ……100g
グラニュー糖……260g
A ペクチン……8g
　グラニュー糖……100g
レモン汁……20㎖

作り方
1 Aを小さいボウルに混ぜ合わせておく。ブルーベリーとハスカップを鍋に入れる。
2 1の鍋にグラニュー糖を加えて中火にかけ、グラニュー糖が溶けたら蓋をして5分煮る。蓋を取り、アクを取りながら3〜4分煮る。
3 Aを加えて混ぜ、ひと煮したらレモン汁を加えて混ぜ、火を止める。
4 煮沸した瓶に3を入れて蓋をして逆さにして冷ます。

森のスープ

「お店を始めてからずっと、メニューにスープをのせてきました。それほど僕にとっては大切な存在です。富良野に来てからは、四季折々の素材をスープに仕立てるのが大きな楽しみになりました。なんといっても、畑から採れたばかりの野菜をそのまま鍋に入れられるのですから。とうもろこしや白玉ねぎは、わんさか採れたときにスープにし、冷凍しておきます。家庭でも「季節の手仕事」って言いますよね。プロの料理人も季節ごとにスープを作ったり、ジャムを仕込んだり、シーズンによって大忙しです。富良野は春から初夏にかけてが特に忙しい。この忙しさが愛おしいですね」（健一）

ボルシチ (P.96)

ボルシチ

東京のお店ではガス火でコトコト煮ていましたが、いまは窯があるので、熾《お》き火の近くに置いて作ることも。なんとも優しい味になります。時間をかけて煮込むと、根菜の旨みや甘みが渾然　体になって、つくづく滋味だなと思います。

材料（4人分）

- 玉ねぎ……中1個
- 人参……中1本
- セロリ……1本
- ごぼう……80g
- 大根……80g
- ビーツ……200g
- にんにく……2片
- 牛もも肉（切り落としでOK）……300g
- トマト水煮……1缶
- 水（チキンブイヨン・市販）……適量
- 塩……適量
- サワークリーム……適量
- サラダ油……適量

作り方

1 玉ねぎ、大根、ビーツは、皮をむき、セロリは筋を取り、ごぼうは皮をこそげ取る。すべて1cm角に切る。にんにくは皮をむいて薄切りにする。

2 鍋にサラダ油を熱し、中火で野菜をすべて一緒に炒める。

3 野菜がしんなりしたら、食べやすく切った牛肉を加え炒める。

4 全体がしんなりしたら、トマトの水煮をざるで裏漉しして加え、水をひたひたになるまで注いでコトコトと弱火で30分ほど煮る。塩を加えて味を調える。

5 器に盛り、サワークリームを落とす。

MEMO
よく煮たほうが野菜の甘みが出ます。ビーツはかたいので、食べてみて、さくっとした食感になっていたらOKです。

富良野のかぼちゃは甘くて味が濃い。バターで炒めると、かぼちゃの香りがぐんっと立ってきます。家庭向きにミキサーで撹拌するだけのレシピにしましたが、ミキサーにかけた後にさらに漉すとなめらかになって、レストランの味になりますよ。

かぼちゃのスープ

材料（4人分）

かぼちゃ……¼個（250g）

チキンブイヨン（市販）……200㎖

牛乳……200㎖

バター……大さじ1

塩……適量

作り方

1 かぼちゃは皮をむき、種とワタを取って、5㎜幅の薄切りにする。

2 鍋にバターを溶かし、1を入れて中火で炒める。煮くずれてきたら、チキンブイヨンと牛乳を加えて煮る。やわらかくなったら、ミキサーにかけてなめらかにする。

3 鍋に戻して中火にかけ、塩で味を調え、沸いたら火を止める。

4 牛乳20㎖（分量外）を小鍋に入れて温め、よく泡立てる。泡立ては、電動泡立て器やエスプレッソマシーンがあるとやりやすい。3を器に盛り、泡立てた牛乳をのせる。

もぎたてとうもろこしのスープ

とうもろこしは皮付きのまま蒸して、もしくはゆでて使ってください。皮付きのまま、というのがポイントで、風味を閉じ込められます。最近は甘くておいしいとうもろこしが出回っていますから、ぜひ生のとうもろこしで作ってみてください。

材料（4人分）

とうもろこし……2本
牛乳……300ml
水……300ml
バター……大さじ1
塩……適量

作り方

1 とうもろこしは皮付きのまま、10〜15分蒸す（ゆでても）。

2 皮をむき、バットなどの上で、包丁で表面をこそげる。残った実を包丁の背でさらにこそげ落とす。飾り用に大さじ1ほどとっておく。

3 鍋に2と牛乳、水を入れてさっと煮る。火からおろしてバターを加えて混ぜ、ミキサーにかけて、ざるで漉す。

4 3を鍋に戻して中火にかけ、塩で味を調え、沸いたら火を止める。

5 器に4を盛り、2の飾り用のとうもろこしをのせる。

白玉ねぎのスープ

北海道で夏に出回る白玉ねぎ。みつけたら即、箱買いです。みずみずしくて、辛みが少ないのでサラダ向き。スープにすると甘みが際立ち、なんとも優しい味になります。僕にとって、このスープ作りは夏の風物詩。新玉ねぎや普通の玉ねぎでも作れます。

材料（4人分）

白玉ねぎ（正味）……250g
バター……50g
チキンブイヨン（市販）……300ml
水……300ml
塩……適量

作り方

1 白玉ねぎは皮をむき、縦半分に切り、繊維に垂直に1cm幅に切る。

2 鍋にバターを温め、1を加えて、弱火で色がつかないようにじっくり炒める。しんなりしたら、チキンスープと水を加えてさっと煮る。ミキサーにかけてなめらかにする。

3 2を鍋に戻して中火にかけ、塩で味を調え、沸いたら火を止める。

MEMO
色づかないように弱火でじっくり炒めて、甘みを引き出すのがコツ。

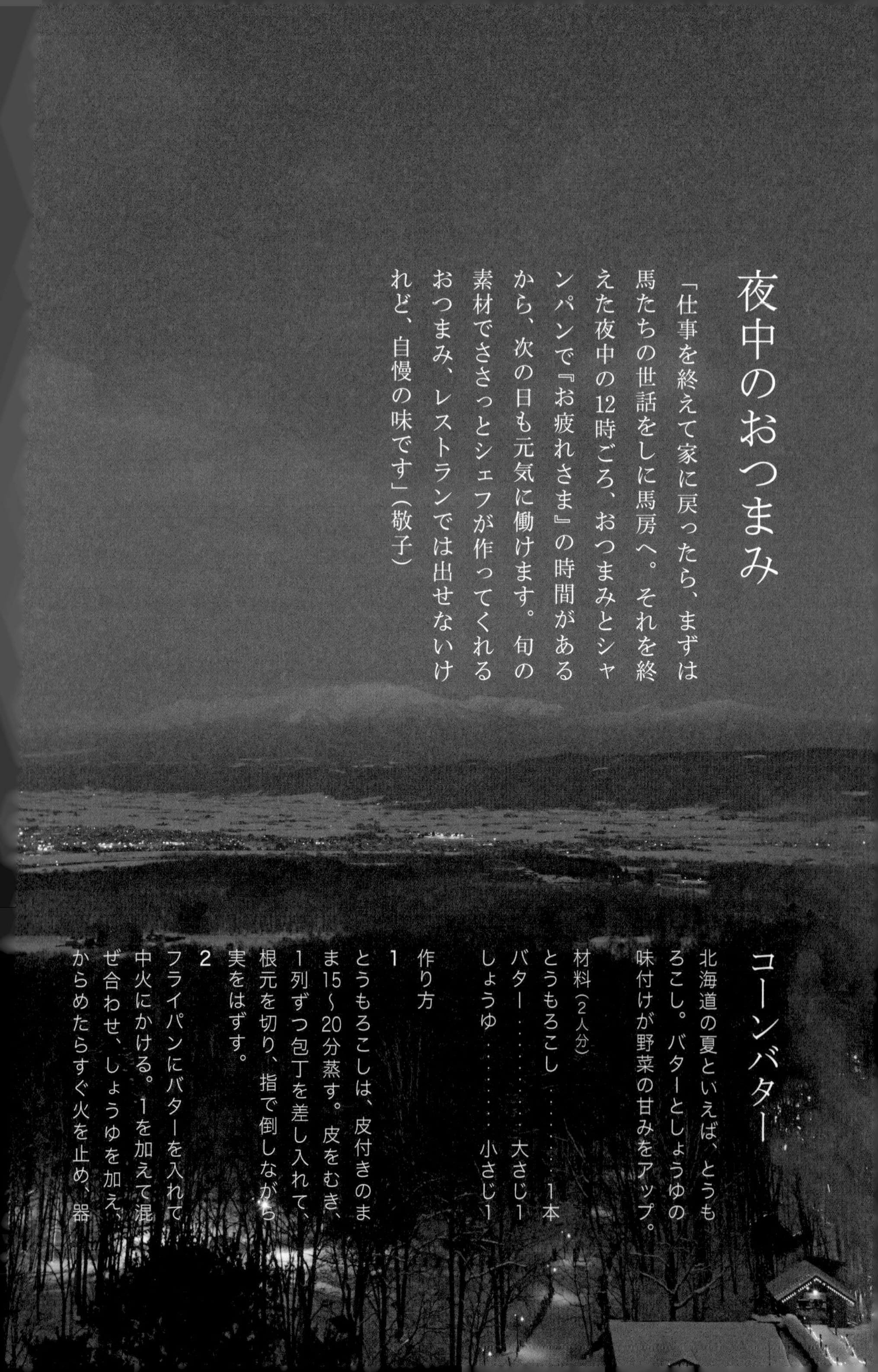

夜中のおつまみ

「仕事を終えて家に戻ったら、まずは馬たちの世話をしに馬房へ。それを終えた夜中の12時ごろ、おつまみとシャンパンで『お疲れさま』の時間があるから、次の日も元気に働けます。旬の素材でささっとシェフが作ってくれるおつまみ、レストランでは出せないけれど、自慢の味です」（敬子）

コーンバター

北海道の夏といえば、とうもろこし。バターとしょうゆの味付けが野菜の甘みをアップ。

材料（2人分）
とうもろこし……1本
バター……大さじ1
しょうゆ……小さじ1

作り方

1
とうもろこしは、皮付きのまま15〜20分蒸す。皮をむき、1列ずつ包丁を差し入れて、根元を切り、指で倒しながら実をはずす。

2
フライパンにバターを入れて中火にかける。1を加えて混ぜ合わせ、しょうゆを加え、からめたらすぐ火を止め、器に盛る。

オニオンリング

玉ねぎは牛乳に浸すと、辛みが取れて甘くなります。ビールとパルメザンチーズ入りの衣がミソ。

材料（2人分）
玉ねぎ……小1個
牛乳……適量
衣
薄力粉……200g
ビール……150㎖
水……適量
パルメザンチーズ（すりおろし）……30g
塩……適量
揚げ油……適量

作り方
1 玉ねぎは1㎝厚さに輪切りにし、輪を1枚ずつはずしてばらばらにする。ひたひたの牛乳に30分浸す。
2 衣の材料を混ぜ合わせる。
3 1の玉ねぎの水けをふきとり、薄力粉適量（分量外）をまぶし、余分な粉をはたく。
4 3を2の衣にくぐらせ、170℃の油できつね色になるまで揚げる。塩を軽くして、器に盛る。

MEMO
衣は天ぷら衣よりもったりした感じに仕上げる。

きゅうりとトマトのお漬けもの風サラダ

食欲のない夏はこれで生きていける、というくらい、我が家のおつまみの定番。あっさりさっぱり、採れたての野菜のフレッシュ感をたっぷり味わいます。

材料（2人分）
きゅうり……1本
塩……適量
A
ごま油……小さじ1
白炒りごま（半ずり）……小さじ2
酢……小さじ1
トマト……1個
B
玉ねぎ（みじん切り）……大さじ1
イタリアンパセリ（みじん切り）……ひとつまみ
オリーブオイル……大さじ1
酢……少々
塩……少々

作り方
1 きゅうりはひと口大に切ってボウルに入れ、塩をして30分ほどおく。水けを絞り、Aでマリネする。
2 Bの玉ねぎは水によくさらして辛みを抜き、水けをしっかりきる。
3 トマトはひと口大に切ってボウルに入れ、Bでマリネする。

なすとピーマンの揚げびたし

素揚げした野菜を熱々のうちに漬け汁に漬ければ、味がしみやすくなります。たくさん作って、保存しておくと便利です。冷やしてどうぞ！

材料（4人分）
なす……2本
ピーマン……1個
パプリカ（赤・黄）……各½個
揚げ油……適量
漬け汁
―市販のめんつゆ（ストレートタイプ）……250㎖
―砂糖……20g
―柚子の搾り汁……大さじ1
（なければレモンや好みの柑橘の搾り汁）
―一味とうがらし……適量
白炒りごま……適量

作り方
1
なすはヘタを取り、ピーマンとパプリカはヘタ、種、ワタを取って、それぞれひと口大に切る。
2
1を170℃の揚げ油で素揚げする。熱いうちに漬け汁に漬け、5〜10分おく。
3
器に盛り、白ごまをふる。

帆立の三升漬ソース

フランスのタプナードソースを北海道バージョンに。このソースは帆立はもちろん、肉やほかの魚にも合います。

材料（2人分）

帆立貝柱……4個
塩、こしょう……各少々
オリーブオイル……適量
三升漬ソース
*三升漬（市販品）……小さじ2
黒オリーブ
（みじん切り）……大さじ1
くるみ
（みじん切り）……小さじ1
パセリ
（みじん切り）……小さじ1
細ねぎ
（みじん切り）……小さじ1
オリーブオイル……大さじ1

作り方

1 三升漬ソースの材料を合わせる。

2 帆立に塩、こしょうをする。フライパンにオリーブオイルを温め、帆立の片面だけをカリッとなるまで焼く。器に盛り、三升漬ソースを添える。

MEMO
帆立は両面焼くと、火が入り過ぎるので、片面だけを焼きます。

*「三升漬」とは、北海道・東北地方の郷土料理で、青なんばん（青唐辛子）、麹、しょうゆをそれぞれ一升ずつ漬け込んだもの。

ポムフリットにんにくバター

夜中はカロリーが気になりますが、つい食べ過ぎてしまう、悪魔の味です。

材料（2人分）
じゃがいも……1個
にんにく（みじん切り）……小さじ1
バター……大さじ1
パセリ（みじん切り）……小さじ1
塩……少々
揚げ油……適量

作り方

1 じゃがいもはよく洗い、皮ごと蒸し、ひと口大に切る。

2 180℃の揚げ油で、1を色づくまで揚げる。

3 フライパンにバターとにんにくを入れて火にかけ、弱火でにんにくがカリカリになるようにゆっくり炒める。パセリと2を加えて、塩をふり、ざっと混ぜて器に盛る。

ねぎとごぼうのベーコン巻き

ベーコンの味だけで野菜をいただける串焼きです。面倒なときは、ねぎだけ、ごぼうだけで。

材料（2人分）
長ねぎ……約½本
ごぼう……約½本
ベーコン（薄切り）……6枚

作り方
1 ごぼうはやわらかくなるまで蒸すかゆでて、6等分（約4㎝長さ）に切る。長ねぎも同様に切る。
2 ベーコンを長さ半分に切る。1にベーコンを巻いて、竹串に3つずつ刺す。フライパンに油をひかずに並べ、中火にかけて両面こんがりと焼く。

牡蠣のチーズグラタン

厚岸《あっけし》の牡蠣が届くと作ります。ぷりぷりの牡蠣に、濃厚なチーズと隠し味のカレー粉は赤ワインと相性良し。

材料（2人分）

牡蠣……………………6粒
チーズ
（ウオッシュタイプを使用。好みのもので）
…………60g（牡蠣と同量）
生クリーム…………60㎖
オリーブオイル……大さじ1
カレー粉、小麦粉……各適量

作り方

1 牡蠣は洗って水けをふきとる。両面にカレー粉を軽くふり、小麦粉をまぶす。余分な粉をはたく。

2 フライパンにオリーブオイルを熱し、1の両面をこんがりと焼く。

3 2を耐熱皿に入れ、生クリームを注ぎ、チーズを牡蠣の上にのせる。

4 250℃のオーブンで5分焼く（オーブントースターでもOK）。

MEMO
カレー粉をたくさんまぶしつけると苦くなるので気をつけてください。

倉本 聰
脚本家・劇作家・演出家。1935年、東京都生まれ。1977年富良野に移住。代表作はテレビドラマ「北の国から」「前略おふくろ様」「優しい時間」「やすらぎの郷」など多数。2006年より「NPO法人C・C・C富良野自然塾」を主宰。

9
「ル・ゴロワ フラノ」プロデュース
倉本 聰氏に聴く

大塚健一・敬子夫妻が北海道・富良野へ移住したのは２０１６年８月。その約２年後の２０１８年５月に「ル・ゴロワ フラノ」はオープンした。いまは、お客さまがひきもきらない状態だ。

富良野が雪解けから芽吹きへ向かうころ、お店をプロデュースした脚本家・倉本 聰氏に、「ル・ゴロワ フラノ」がオープンに至った経緯やその魅力、今後に期待したいことなどを聴いた。

「僕はこの店を全面的にプロデュースしたという感覚はあまりないんだけどね。主宰していた富良野塾（２０１０年閉塾）の跡地を自然に還《かえ》そうと、朽ちるにまかせていたんだ。北海道へ移住すると聞き、馬と住んだらとすすめたのが、大塚さんたちがここに住むきっかけになった。その後、彼らのお店の物件探しが難航していたから、新富良野プリンスホテルを紹介したという経緯で、店作りに関わった」

倉本氏のおかげで、1年ほど前に話がまとまり、新富良野プリンスホテル×ル・ゴロワのレストランプロジェクトが始まった。倉本氏は、店舗デザインおよびメニュー監修、店舗の命名、ロゴデザインを手がけた。

「ずっと以前、堤義明(西武鉄道グループ元オーナー。富良野プリンスホテルの元オーナーでもあり、倉本氏とは中学・高校の同級生)に話したことがある。よい観光地は5つの条件、すなわち『景色』『遊び』『宿泊』『食』『買い物』が魅力的でなければいけない。当時は『買い物』と『食』が富良野に足りないから、地元のクラフトマンの店を集めた『ニングルテラス』と『Soh's BAR』を提案して、ホテル内に作った。いまの富良野には『食』が少々足りないと感じていたから大塚さんを紹介したんです」

このプロジェクトが始まっても、とんとん拍子にコトが進んだというわけではなかったようだ。ホテルと街場のレストランのルールは、相容《あいい》れることが難しいものもあったようだが、ひとつひとつ解決し、無事オープンに漕《こ》ぎ着けた。

「時間と予算をかけて作るのだから、どこにでもあるようなレストランではつまらない。建物自体がレガシーになれば、人を引き寄せられる。建物がその地域のイメージを伝える『作品』になっているといいんです」

そのために希代の左官職人・挾土秀平《はさどしゅうへい》氏に窯の仕上げをオーダーした。話を受けたとき、挾土氏は開口一番、「まず土地を見に行かせてください」と申し出たそうだ。クマザサの繁る富良野の森を見て、モチーフはクマザサに。クマザサの形を鉄で作り、何層にも重ね、

海外からも注目される左官職人・挟土秀平さん（写真右）。窯のまわりにクマザサの形に切った鉄を埋め込む。

森に生きるケモノをイメージさせる作品が完成した。

「鉄は錆びて森になじんでいく。土に近い存在になるって挟土秀平は言うんだ。未来の姿を見据えてモノづくりをしている。おもしろい」

　火を入れたら窯が動きだしそうな作品に仕上がったのも、人の手がそこに命を吹き込むからだろう。

　倉本氏はレストラン自体に命を吹き込む仕掛けをしている。今回、驚くことに、フレンチの料理人である大塚シェフにイタリアンも作ってほしいとオーダーした。

「北海道の食材は素晴らしいので、シンプルに素材を味わうほうが料理としては合っている。それ

完成間近のレストランを見る大塚夫妻。白樺の森に溶け込む、やわらかな曲線を描くデザインになった。

ならイタリア料理のほうがいいのではないか。イタリア北部と北海道は、チーズやバターなどの乳製品が豊富だし、似ていると思う」

食材が育った土地で、その食材を食べるのがいちばんおいしいと考える大塚健一シェフは、料理の国境を意識せずにすんなりとイタリアンへ「ル・ゴロワ フラノ」の料理をシフトしていったようだ。

倉本氏に「ル・ゴロワ フラノ」の魅力を尋ねた。

「シェフの料理をずっと食べてきていますが、どんどんおいしくなっている。春先のふき味噌のパスタはめちゃくちゃおいしかった。それに増しての魅力は何より、マダムの人柄でしょう。お客さまの立場に立ってサービスをしている。とても丁寧で優しいサービスですが、つかず離れずで心地よい。ここのサービススタッフがマダムの教育をきちんと受けて育ってくれれば、言うことないでしょう。人材派遣会社から即席に派遣されたアルバイトでは務まらないと思う」

サービスはレストランの要だ。お客さまへのサービスはもちろん、食材の生産者たちへも敬子さんならではの気遣いがあり、その信頼関係が深く長い理由のひとつになっている。

最後に、今後、大塚さんたちにどのようにお店を育てていってもらいたいかを聞いてみた。

「自然と共に料理をしていってほしい。それには、『土』に向き合ってみたらいい。野菜が育つうえでいちばん大切なものだからね。生産者から仕入れて料理をするのも大切だけれど、それでは東京で料理をしているのと変わらない。富良野にいるのだったら、自分で土に触り、野菜を育ててみてはどうか。そこから見えてくるものがあるはずだ。人は守りに入ると発展しない。常に攻めていかないと。『先』を見て進化しつづけること。料理もシナリオも同じだね」

10

願えば叶《かな》う。
そう信じてこれからも進みます

「60代の若者たちへ。この先をどう生きるか。しまっておいた夢を取り出してみないか。」脚本家・倉本聰氏が、新聞広告で発表したエッセーのタイトルと見出しだ。「まるで、私たちに問いかけてくださっているようでした」と敬子さんは振り返る。

2016年5月、東京・神宮前「ル ゴロワ」閉店。この物語はそこから始まった。オーナーシェフの大塚健一さんは当時56歳、マダムの敬子さん59歳。会社員なら定年退職の少し前、第2の人生を始めようとする人も多い年頃だろう。当初、1年の予定だった準備期間は2年に延びたものの、倉本氏プロデュースによる「ル・ゴロワ フラノ」を2018年5月28日、オープンした。倉本氏は「ル ゴロワ」を愛し、夫妻の師匠的存在でもあったのだ。

北海道へ移住して、すぐのこと。大塚夫妻は、自分たちが続けてきたクラシックなビストロスタイルでお店をオープンするつもりだった。「私たちのかたくなさが、倉本先生は歯がゆかったのでしょう。安定するのは30年早い!!と怒られました」。頭をガツンと殴られたようだったと敬子さんは言う。「そのころの私たちは、フランス料理がどんどん進化しているのを横目で見ながら、新しい潮流は若者たちに任せておけばいい、私たちは伝統を守っていくのだ、と思い込んでいました」。倉本氏の一撃は、彼らの意識を変えた。

「守り」から「攻め」へ。フランス料理にこだわることなく、短期であったが、イタリアへ修業と視察に出かけて料理を学んだ。東京へも赴き若い料理人たちの「いま」を吸収した。「富良野に来て、私たち自身がすごく変わったと思います。ゴロワ流の料理や、居心地のよい空間と時間を大切にすることは変えませんが、料理法や素材などはどんどんバージョ

(左) 薪の熾き火で肉を焼くときはつきっきりなので、シェフは忙しい。「食材を扱うシェフの顔には自然にほほ笑みが。元気な食材が嬉しくてたまらないみたい」。(右) 敬子さんのサービスはいつも穏やかで心地よい。

ンアップしています。新しいメニューにも挑戦。いまや、パスタも人気ですよ」

移住してすぐの夏、北海道を襲った台風で被災。波乱の幕開けだったが、「お金を使わず、知恵を使う」生活で、地元の生産者たちと信頼関係を築いたり、新しい料理を試作したり。お金では得られない大切なものをつかみ取った。

物語は紡がれて、夢のつづきはその先に

富良野のお店は、小さな森の中にある。自然と共存した造りの建物。土や木材、石、煉瓦などの自然素材をふんだんに使い、エントランス脇では、左官アーティスト・挾土秀平氏の作品がモニュメントのように、存在感を放っている。席に座れば、大きな窓の向こうに、ゆったり草

を食《は》む大塚家の4頭の馬が見える。遠くに大雪山と富良野の街も眺望できる。

オープンキッチンでは、薪窯の前に陣取るシェフから、「おいしいもん、作るぞ〜〜」という気合が伝わってくる。

大塚夫妻は20年ほど前からこの地の食材を取り寄せてきたが、富良野に移住し、土地の空気を吸い、匂いを感じ、食材の本質をつかみ取った。そのことが本格的に息づきはじめた。

ディナーのメニューは、東京時代からの料理をメインにしたコースと、新生ゴロワの新しい料理を組み入れたおまかせコース2種、計3種類。定番の「特製ル・ゴロワ風サラダ」の採れたて野菜、数時間前まで海で泳いでいたであろうピチピチの魚、大自然に育てられた牛や羊の肉……。見た目は変わらないが、食材ひとつひとつが輝いている。

メインディッシュの新定番には、蝦夷鹿《えぞじか》や北海道の新しいブランド牛「星空の黒牛」の薪火焼きが登場する。蝦夷鹿は、以前に紹介したカリスマハンター・松野穣さんから届く。薪の熾《お》き火による火入れが絶妙だ。

食後のお楽しみの定番「グレープフルーツのプリン」は、敬子さんのオリジナル。20年以上作りつづけ、完成されたおいしさだ。

店内には東京時代と同様、温かな空気が流れる。若いスタッフたちはきびきび動き、絶妙の間合いにサーブする。さすが、心のこもった敬子さんの仕込みだ。

「東京では目の前のことに必死で、仕事を楽しむ余裕がありませんでした。いまも仕事に

La Gaulois
Furano

追われてはいますが、いつも楽しくてたまらない。この年齢になって、余裕が生まれたのでしょう。若いときは受け入れられなかったことも、そういうこともあるね、と思えるようになった。肩の力が抜けた気がします」

馬がそばにいるのも、敬子さんの気持ちがほぐれる理由だろう。北海道に住みたいと、20代から思ってきた。願っていれ

ば道は開けると、大塚夫妻の笑顔が物語っている。

新しいお店はすべてに恵まれ、大塚夫妻はこれからしばらく、いままでしまっておいた20代からの夢を取り出し、物語を紡いでいく。実は、彼らには人生最後の夢がある。さらなる夢のつづきがいつかまた始まる。この物語を読んでくださった皆さまに、そのときまたお目にかかれますように。

おわりに

富良野に移り住んで、4年が過ぎようとしています。

馬たちと暮らす森からルゴロワのレストランまでは、車で22キロの山道を毎日通います。長い冬は雪との戦いで、凍りついた道をシェフとふたり、車で何度動けなくなったことでしょう。マイナス30度の夜、馬の世話をしながら、寒くて彼らにしがみつき、温めてもらった日もありました。それでも晴れた日の青い空と白い山々は心が震えるほどの美しさです。そして春が訪れたときの嬉しさは特別です。日々土の中から芽を出す作物、樹々の新緑（緑色は一体何色あるのでしょう）、そして大きな空に消えゆく山の雪を惜しみながら、控えめに咲くヤマザクラやヤマコブシを愛おしく思う瞬間。この地で自分も命のあるただの生き物なのだとやっと気が付き、心の底からこの自然に感謝をしています。

夏も秋も、言葉では言い尽くせない美しい風景の中で、森の食べ物、畑の作物を頂きながら、感じたことは一つでした。私たちはなんとちっぽけな生き物なんだろうと。もう何十年も生きてきたはずですが、ここにきて後ろから風にあおられ、吹雪に吹き飛ばされ、

あちらこちらにぶつかりながら、ヨロヨロと歩いている私がいます。お月さまやお日さま、この森もとても寛大で、自分で立ち上がるならどうぞと、知らんぷりしながら見守ってくれています。私たちがよちよち歩きくらいの存在でしかないことを森は教えてくれました。頭のなかで考えていた将来や希望とかを口にする余裕もなく、毎日を無事に終えることで精一杯。ひとつでも大切な命が欠けることのないよう、毎日それだけを森にお願いしています。とにかく、自分が道端の草くらいの存在だと気が付いてから、いままでどれだけの人に助けられてきたのか、本当に感謝しかありません。

　東京時代のルゴロワを支えてくださった多くのお客さま、ルゴロワは皆さまに育てていただきました。北海道に移り住み、恥ずかしいほど何もできない私たちに、手を差し伸べてくださった方々。そして、ルゴロワをしっかりと今の世の中に立たせてくださっている生産者の皆様。お礼しか申し上げられないのは心苦しくて仕方ありませんが、ありがとうございます。これからも森に助けてもらいながら、ルゴロワを大切に守っていきます。そして、できるだけ多くの命に囲まれて暮らしていくことができたら幸せに思います。

大塚敬子

ル・ゴロワ フラノ
北海道富良野市中御料
新富良野プリンスホテル
敷地内
☎0167-22-1123

大塚健一
「ル・ゴロワ フラノ」シェフ。長野県生まれ。「軽井沢プリンスホテル」入社。「プティポワン」を経て、1994年「パパスカフェ」シェフに。1997年に「ル ゴロワ」を表参道にオープン。2006年、神宮前に移転。北海道の食材にこだわり、「北海道フレンチ」を確立。北海道庁から「食のサポーター」に任命され、農林水産省の「料理マスターズ」を受賞。2018年5月、北海道・富良野へ移転。

大塚敬子
「ル・ゴロワ フラノ」マダム。東京都生まれ。北海道酪農学園大学卒業。大学時代に北海道の土地と人に魅せられる。パティシエールとして「軽井沢プリンスホテル」で経験を積む。1994年、「パパスカフェ」をシェフと共に任される。1997年、「ル ゴロワ」を表参道にオープン以来、健一シェフと共にお店を支える。サービス・デザート担当。

北村美香
フードジャーナリスト。ヨーロッパの三ツ星から韓国の路地裏、ブータンの農家まで世界24カ国を食べ歩く。家庭料理の大切さを伝えたいと、レシピ本の編集も。「ル ゴロワ」の大塚夫妻の芯の通った生き方や誠実さに感銘を受け、富良野への移住と、お店を開店するまでのストーリーを追う。

STAFF　撮影 大山克巳　デザイン 奈雲裕介　企画・編集・執筆 北村美香

Special Thanks　山本晃弘　F.C.S.　新富良野プリンスホテル

アエラスタイルマガジンVol.31～40に連載された
「レストラン「ル ゴロワ」物語 ほっかいどう、夢のつづき。」に
加筆・取材・修正を加えてまとめたものです。

P.01「北国のレストラン」etching＋手彩色、15×10cm、2018年
P.04「春光」etching＋手彩色、15×10cm、2017年
P.05「夏めく」etching＋手彩色、15×10cm、2017年
P.07「秋の森のメニュー」etching＋手彩色、15×10cm、2017年

レストラン「ル ゴロワ」のレシピから
季節のごはんと暮らし方

著者　大塚健一・大塚敬子
執筆　北村美香
発行者　橋田真琴
発行所　朝日新聞出版
〒一〇四－八〇一一　東京都中央区築地五－三－二
電話　〇三－五五四一－八九九六（編集）
　　　〇三－五五四〇－七七九三（販売）
印刷所　凸版印刷株式会社

ISBN 978-4-02-334030-5
定価はカバーに表示してあります。
落丁・乱丁の場合は弊社業務部（電話〇三－五五四〇－七八〇〇）へご連絡ください。
送料弊社負担にてお取り替えいたします。